THIS END UP:
Kreatives Verpackungsdesign

© 2003 der Originalausgabe

RotoVision SA

Rue Suisse 9

CH-1295 Mies

Schweiz

www.rotovision.com

Gestaltung: Chris Kelly, Mono

Die Deutsche Bibliothek – CIP Einheitsaufnahme.
Ein Titeldatensatz für diese Publikation ist bei
Der Deutschen Bibliothek erhältlich.

© 2003 der deutschen Ausgabe

Stiebner Verlag GmbH

Nymphenburger Straße 86

D-80636 München

www.stiebner.com

Übersetzung aus dem Englischen: Christof Klar
Satz und Redaktion der deutschen Ausgabe:
bookwise gmbh, München

ISBN 3-8307-1287-1

Litho, Druck und Bindung:
ProVision Pte. Ltd., Singapur

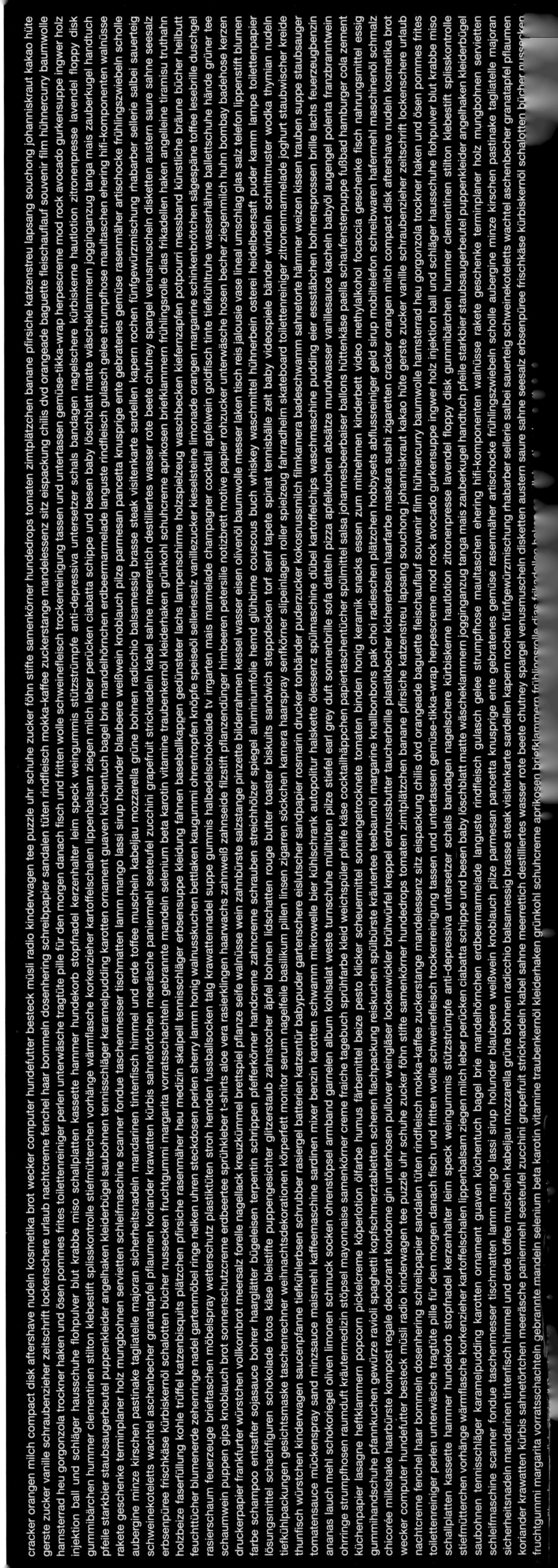

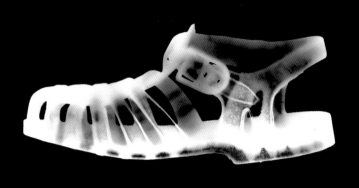
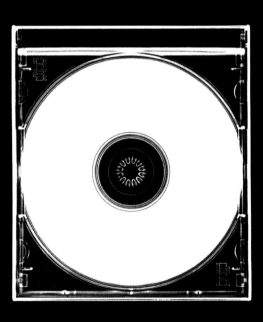
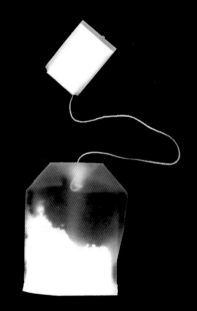

außen

**Kann man sich eine Welt ohne Verpackungen
überhaupt vorstellen?**

Wie wir Produkte wahrnehmen und was wir von ihnen erwarten, hat beileibe nicht nur mit qualitativen Erwägungen zu tun. Ist es nicht so, dass es uns ohne Verpackungen schwer fiele, Produkte überhaupt auseinander zu halten.

Chilipulver zum Beispiel erscheint ohne Verpackung als kaum identifizierbares rötliches Pulver. Erst wenn es in einer Markenverpackung steckt, können wir uns eine Meinung über seine Qualität und Nützlichkeit bilden. Die Wareneigenschaften sind also untrennbar mit einer Packung verknüpft, die es wiederum dem Hersteller erlaubt, unterschiedliche Preisargumente zu etablieren. Wasser ist ebenfalls ein Produkt, das sich nur durch einen einzigen fundamentalen Unterschied differenzieren und an unterschiedliche Verbrauchergruppen vermarkten lässt – die Verpackung. Es gibt mittlerweile Tafelwasser für jeden erdenklichen Zweck, vom schnellen Durstlöscher beim Sport bis zum erlesenen Genuss in edlen Restaurants. Die Verpackung erleichtert jedoch nicht nur die Differenzierung bestehender Produkte, sie ist oft auch das zentrale Element von Neuschöpfung.

Verpackungsmethoden und -botschaften sind vielgestaltig. Auf der Packung können sich alle, keine oder nur ein Teil der Produkteigenschaften niederschlagen, unbeschadet der Tatsache, dass sie am Ladentisch den wichtigsten Kommunikationsträger zwischen Herstellern und potenziellen Käufern darstellt.

Das Verpackungsdesign kommuniziert und vermarktet ein Produktprofil (oder dessen Mangel), das Werbung und andere Absatz fördernde Methoden überhaupt erst möglich macht, und stellt Zusammenhänge zu anderen, verwandten Produkten eines Herstellers her. Der Gedanke des Produktprofils wurde wahrscheinlich auf die Spitze getrieben, als Virgin Cola seiner Flasche die Kurven des Fernsehstars Pamela Anderson verlieh – mit einem weitaus rassigeren Resultat als die traditionelle, einer Kakaobohne nachempfundenen Coca-Cola-Flasche.

Im Zusammenspiel mit Werbung und Markenbildung promotet das Verpackungsdesign ein genau definiertes und segmentiertes Lifestyle-Image für bestimmte Zielgruppen, die sich dieses dann aneignen – im wahrsten Sinne des Wortes.

Als Brian Epstein 1962 Manager der damals noch unbekannten Beatles wurde, nahm er den rebellischen John Lennon zur Seite und teilte ihm mit, die Band müsse ihren gammeligen Rocker-Look fallen lassen. „Mit Verpackungen kenne ich mich aus," sagte er. „Die Shadows sind erfolgreich, und die tragen Anzüge." Vier graue Anzüge und ebenso viele Pilzfrisuren später waren die Beatles innerhalb von zwei Jahren berühmter als Elvis und hatten Amerika erobert.

Die Verpackungsindustrie ist eine ausgesprochen dynamische Branche, die versucht, mit immer weniger Materialaufwand eine zunehmend längere Produktlebensdauer zu gewährleisten. Technologische Fortschritte im Bereich des Designs erweitern die kreativen Möglichkeiten fortwährend, z.B. werden die Druckverfahren immer raffinierter (und erschwinglicher) und die Entwicklung von Pigmenten und Druckträger schreitet rasant fort. Allerdings kann man sich angesichts der wachsenden Zahl innovativer Materialien und Hilfsmittel, die dem Designer heute zur Verfügung stehen, leicht von den neuen Möglichkeiten verführen lassen und darüber vergessen, dass der Druck eines schlechten Designs genauso viel kostet wie der eines guten. Kreative Objektivität sollte nicht dem Drang zum Opfer fallen, neue Möglichkeiten auszuprobieren.

Jede Saison bringt neue Farben, Trends und technische Herausforderungen. Verpackungsdesigner bedienen sich sämtlicher Elemente der Popkultur und mischen sie mit Einflüssen aus anderen Bereichen. Der Designprozess erfordert also auch Kompromisse zwischen einer Reihe rivalisierender Komponenten, bevor das endgültige Design feststeht. Der Zeitraum, der bis zur Markteinführung vergeht, kann einer saisonbedingte Farbwahl zum Verhängnis werden und die Produktlebensdauer verkürzen, was in den Verkaufszahlen erst sichtbar wird, wenn die demokratische Größe der Kaufkraft in Erscheinung tritt. Dieses Argument scheint einfach, hat jedoch äußerst komplizierte Implikationen. Die Verpackung ist zu einem integralen und untrennbaren Bestandteil unseres Alltags geworden – und gehört mittlerweile fast weniger in den Bereich des Designs als zum Leben selbst.

einleitung

This End Up: Kreatives Verpackungsdesign

innen

Das Design einer Verpackung hilft uns dabei, Waren zu verstehen und zu interpretieren. Wozu ist das Produkt da? Wer benutzt es? Was ist daran einzigartig? Während wir als Verbraucher Rückschlüsse über die Produkteigenschaften und den wahrscheinlichen Warenwert ziehen, treten spezifische narrative Bezüge hervor. Die Geschwindigkeit, mit der die Verpackung diese inneren Bilder erzeugt, ist bei schnell umgeschlagenen Konsumartikeln wichtiger als bei möglicherweise komplexeren Kaufentscheidungen, beispielsweise im Pharmabereich. In einem wettbewerbsintensiven Marktumfeld, in dem unzählige austauschbare Marken um Flächen im Regal konkurrieren, muss die Verpackung die unterschiedlichsten Funktionen erfüllen:

Behälter

Primär dient sie als Behälter eines Produkts, sei es gasförmig, flüssig, fest, eine Creme oder Paste, granuliert oder eine Mischung dieser Aggregatzustände (man denke an den Joghurt mit der Ecke). Lose wären gefrorene Erbsen kaum zu handhaben, also müssen sie in Tüten verpackt werden. Die Produktbeschaffenheit bestimmt das Verpackungsmaterial. Wenn die Tüte voll gefrorener Erbsen aus Papier bestünde, wäre sie schließlich nicht besonders funktionell! Stattdessen wird Plastik verwendet, das der Feuchtigkeit der Tiefkühltruhe besser standhält. Packungen müssen Produkte beinhalten, die unter Umständen verderblich, entflammbar, giftig, säurehaltig, geruchsintensiv oder scharf sind. Wir mögen vielleicht den Geschmack von Blauschimmelkäse, wollen ihn aber nicht unbedingt riechen. Auch die Handhabung des Produkts muss beachtet und kommuniziert werden, wie der Titel dieses Buches andeutet.

Die Notwendigkeit, dass eine Verpackung primär als Behältnis fungiert, wird oft vom Streben nach einem attraktiven Äußeren dominiert. Eine Analyse der Behälterformen verdeutlicht dies: Von allen geometrischen Körpern kommt die Kugel als Volumenbehälter mit der geringsten Oberfläche aus. Sie ist also äußerst formeffizient und benötigt zur Verpackung eines bestimmten Volumens den geringsten Materialaufwand. Acht- oder sechseckige Schachteln brauchen weniger Material als ein Würfel, der wiederum mit weniger Material auskommt als ein Rechteck. Trotzdem sehen wir nur selten Kugeln, Oktaeder oder Hexaeder in unseren Geschäften, weil sparsamer Materialverbrauch meistens einer rechteckigen Schaufläche geopfert wird, auf der sich das Produkt einfach besser präsentieren lässt.

Schutz

Die Schutzfunktion der Verpackung ist fast untrennbar mit ihrer Behälterfunktion verbunden und soll gewährleisten, dass Waren die oft komplexe Reise vom Produzenten zum Endverbraucher unbeschadet und ohne Qualitätsminderung überstehen. Eierkartons sollen ihren Inhalt gegen mechanische Erschütterung und Druck schützen. Andere Verpackungen müssen gegen Vibrationen, Risse und Löcher gefeit sein.

Nahrungsmittel und verderbliche Waren sind weniger durch mechanische Kräfte gefährdet als durch Hitze, Licht oder Oxidation, die ihre Haltbarkeit im Verkaufsregal mindern. Lebensmittel müssen außerdem vor Mikroorganismen und anderem geschützt werden, die sie verderben könnten. Die Verpackung muss die Produktintegrität bewahren. Ein kohlensäurehaltiges Getränk, das nicht mehr schäumt, ist eine Enttäuschung. Plastikhersteller arbeiten ständig an der Weiterentwicklung der Schutzeigenschaften ihres Produkts, um Plastikflaschen Glasflaschen gegenüber wettbewerbsfähig zu machen. In Amerika ist Bier deshalb nicht mehr nur in Glas-, sondern auch in Plastikflaschen erhältlich.

Im Bereich des Produktschutzes hat die Entwicklung neuer Technologien zu großen Fortschritten geführt. Mittlerweile ist es zur Routine geworden, Packungskartons mit Aluminium- oder Plastikfolie zu beschichten, was sich dramatisch auf den Getränkemarkt ausgewirkt hat, besonders bei Fruchtsäften.

Neben dem Produkt soll die Verpackung jedoch auch den Verbraucher schützen, man denke nur an kindersichere Arzneimittelflaschen, Ringpull-Dosen, die Dosenöffner überflüssig machen, Sicherheitssiegel an Gläsern oder an die Etiketthinweise für den sicheren Produktgebrauch.

Auch der Warentransport zum Einzelhändler beeinflusst die Verpackungswahl. Um diesen zu erleichtern, muss sie gut stapelbar sein. Darüber hinaus sind Verpackungsgewicht und -stärke wichtige Faktoren, besonders bei geringwertigen Produkten.

Komfort

Die Verpackungsform sollte so einfach zu handhaben und sicher stapelbar sein wie möglich und sich gegebenenfalls für Großhandelspackungen eignen, die leicht auszustellen sind und Einzelhändlern oder Kunden angemessene Volumina bzw. Stückzahlen bieten. Das Haltbarkeitsdatum sollte gut sichtbar sein. Für den Kunden geht es auch darum, die Verpackung leicht zu öffnen und leicht lesen zu können. Kein Mensch sucht gerne lang nach den gewünschten Informationen.

Kommunikation

Eine Verpackung sollte bestimmte Botschaften kommunizieren – Warnhinweise (die gut lesbar sein müssen), Strichcodes und Gesundheitsinformationen (z. B. „Prozent des Tagesbedarfs"). Bei verderblichen Waren sind Haltbarkeits- und Verkaufsdatum gleichermaßen wichtig für Endverbraucher und Einzelhändler. Das Etikett muss alle gesetzlichen Auflagen erfüllen, gut lesbar und leicht zu finden sein. Meistens werden auch Informationen über Inhaltsstoffe, Produktgebrauch und Verpackungsentsorgung oder -verwertung angegeben. Mit dem steigenden Verbraucherbewusstsein haben sich auch Genauigkeit und Informationswert der Label verbessert. Noch vor zehn oder 15 Jahren hätte man nur bei wenigen Lebensmittelprodukten darauf hingewiesen, dass sie möglicherweise winzige Nussanteile enthalten, selbst wenn das der Fall war. Angesichts der Informationsfülle, die auf der Verpackung Platz finden muss, ist es schon fast ein Wunder, dass überhaupt noch Raum für das Markenzeichen oder die Entwicklung eines Produktprofils bleibt!

Das Verpackungsdesign kann sich zur Differenzierung von Konkurrenzprodukten auf den guten Ruf einer Marke beziehen, andererseits kann ein schlechtes Verpackungsdesign einer Marke aber auch schaden. In bestimmten Warenkategorien wird aggressiv um Aufmerksamkeit gerungen, was unschwer an jedem Waschmittelregal zu erkennen ist, aber meistens werden subtilere Strategien verfolgt.

Durch die Einführung eigener Marken haben Supermärkte den Wettbewerb unter den Markenartikeln intensiviert. Hier soll die Verpackung den Kunden davon überzeugen, dass der Kauf eines hauseigenen Markenprodukts keinen kostengünstigen Qualitätskompromiss darstellt. Die britische Supermarktkette Tesco bekämpft dieses Klischee z. B. mit der Produktreihe „Finest", deren Verpackungsstandards dem Design national übergreifender Marken entsprechen.

Eine Verpackung sollte Schwerpunkte setzen, auf den spezifischen Bedarf genau definierter Zielgruppen zugeschnitten sein, diese Verbraucher ansprechen und sich am Verkaufsort behaupten. Das Packungsdesign kann bodenständige Produkte in begehrenswerte Artikel verwandeln, ihren Wert steigern und sie Konkurrenzprodukten gegenüber profilieren. In keiner Produktkategorie ist das besser zu beobachten als bei Tafelwasser, das in manchen Kreisen als der Sieg der Form über den Inhalt beschrieben wird. Nur durch die Verpackung, die Marke und das Marketing kann ein Produkt, das sich kaum von dem überall frei verfügbaren Leitungswasser unterscheidet, alleine in Großbritannien jährlich einen Umsatz von 900 Millionen Pfund verbuchen.

Die Verpackung verleiht dem Wasser eine Reihe von Eigenschaften und differenziert es durch eine überzeugende visuelle Präsentation. Kaum jemand stellt in Frage, dass Wasser aus einer Gebirgsquelle besser schmeckt als Leitungswasser. Aber wer würde wirklich Wasser aus einer Gebirgsquelle trinken, mitsamt der Flora, Fauna und den Schwebstoffen, die darin enthalten sind?

Die zeitlose grüne Perrierflasche aus dem Jahr 1903 ist in dieser Produktkategorie nach wie vor das Maß der Dinge. Die Weiterentwicklung glas- und plastikformender Technologien gibt dem Designer heute bei der Flaschengestaltung einen viel größeren Spielraum. Die Vielfalt der Wasserflaschen im Supermarkt ist atemberaubend – von den schlanken Hildon-Flaschen im Bordeaux-Stil über Evian im dreidimensionalem Alpendesign, die hohen Glaskegel von Gleneagles, die Zylinder des norwegischen Voss oder des österreichischen Oxygizer bis zu Ty Nants gedrechselter Keulenform. Aber wirken diese innovativen Verpackungen wirklich Umsatz steigernd?

Andererseits können technische Fortschritte auch zum Problem werden. Die Einführung der CD hat die Größe der Fläche, mit der die Aufmerksamkeit potenzieller Kunden geweckt werden soll, von 30,5 auf 12,5 cm im Quadrat schrumpfen lassen, was manche Designer dazu veranlasst hat, die CD-Hülle selbst neu zu überdenken, von Pentagrams Polystyrol-Spritzguss für die Pet Shop Boys bis zu Mark Farrows Schachtel für Spiritualized im Pharma-Stil (siehe Seiten 98–103).

Verpackungsdesignern steht bei der Gestaltung des Produktprofils eine breitere Auswahl von Alternativen zur Verfügung als je zuvor. Dieser Spielraum und die Möglichkeit der freien Imagegestaltung (die den visionären Erfindern der Coca-Cola-Flasche nicht zur Verfügung stand) haben dazu geführt, dass Verbraucher die meisten Produkte nicht mehr sehen können, wenn man von frischen Nahrungsmitteln einmal absieht. In England beispielsweise konnten Konsumenten ihre Kartoffelchips noch bis vor wenigen Jahren durch die Tüte betrachten.

Ohne direkten Blickkontakt wirkt das Produkt distanzierter und man muss sich zur Meinungsbildung über seine Qualität auf die Verpackung verlassen. Um die Genießbarkeit und Frische von Nahrungsmitteln zu beurteilen, schauen wir einfach auf das Haltbarkeitsdatum. Die Packungsaufschrift ersetzt also unsere Fähigkeit zu entscheiden, ob ein Produkt zum Verzehr geeignet ist oder nicht. Deshalb müssen wir es auch nicht mehr in seiner Schachtel, Tüte oder Dose betrachten und können sogar auf seine Abbildung verzichten. Stattdessen bekommen wir evokative Bilder und einen Appetit anregenden Serviervorschlag. Das Dosenetikett kann den Inhalt zum Luxusgut, zum gesundheitsfördernden oder den Lebensstandard steigernden Produkt machen oder es auch als Massenware präsentieren wie bei den alltäglichen Supermarktprodukten.

Die Methoden der Zurschaustellung sind ebenfalls raffinierter geworden. Da die Hersteller mittlerweile ganze Regalflächen kaufen, um ihre Waren sichtbar zu machen, muss das Verpackungsdesign auch gereiht funktionieren. Ein Verpackungsmosaik über ein oder mehrere Regale hinweg erweitert die Dekorationsfläche, mit der das rastlose Konsumentenauge eingefangen und die Produktbotschaft verbreitet werden kann.

Sollen wir das glauben?

Die Macht der Verpackung als Werkzeug der Einflussnahme wird oft kritisiert. Um die Verbraucher vor Irreführung zu schützen, ist die Verwendung unwahrer Behauptungen auf Verpackungen gesetzlich verboten. Dazu gehört auch die Auflage, auf Nahrungsmittelpackungen die Inhaltsstoffe anzugeben. Kritiker jener Illusionen, die von Verpackungen vermittelt werden, bemängeln jedoch auch die dargestellten Lebensstile als unrealistische Fantasiewelten. Die kanadische Zeitschrift Adbusters – Journal of the Mental Environment unterstreicht in ihrer Ausgabe vom Herbst 1999 das Missbrauchs- und Manipulationspotenzial von Verpackungen durch die irreführende Aufmachung eines Produkts, die „eine Spaghettisauce so aussehen lässt, als sei sie von der Oma gekocht worden". Für den Verbraucher sind diese Trugbilder integrale Bestandteile der Produktwahrnehmung und -wiedererkennung.

Verpackungen differenzieren Produkte nicht mehr nur nach ihrer Art. Der heutige Konsument wird mit Optionen konfrontiert, die weit über die Eigenschaften der Ware hinausgehen und direkt auf seine Überzeugungen abzielen. Immer mehr Packungen werden z.B. mit weithin sichtbaren Absichtserklärungen versehen, die verkünden, dass die Produktinhalte der Umwelt, den Tieren, dem Regenwald etc. so wenig wie möglich schaden. Anscheinend sind viele Unternehmen der Meinung, bei der Kundenwerbung ethische Botschaften verbreiten zu müssen.

Aber wollen die Verbraucher wirklich diese moralische Bindung an die Produkte, die sie kaufen? Den meisten würde ein Mitmensch, der ständig moralisiert, einfach auf die Nerven gehen. Könte es sich also auf die Produkte selbst auswirken, wenn die Konsumenten den Aussagen, mit denen Unternehmen ihre Produkte schmücken, keinen Glauben schenken?

Mit dem Streben nach einem höheren moralischen Niveau als Produktmehrwert hoffen die Hersteller, neue Aspekte der Verbraucherpersönlichkeit anzuzapfen. Wenn jedoch die Verbraucher diese Botschaften nicht im beabsichtigten Sinn verstehen, könnte dies das Produkt auch kompromittieren. Der Produktwert wird sowohl anhand oktroyierter Inhalte (absichtsvoller Packungsbotschaften) als auch zufälliger Auslegungen (unbeabsichtigter Botschaften, die das Individuum wahrnimmt) definiert. Wenn die Absichtserklärung beim Konsumenten als zynischer Trick des Herstellers ankommt, um sich beim Kunden lieb Kind zu machen, wäre das sicher nicht im Sinne des Erfinders.

So entsteht eine ganze neue Dimension möglicher Probleme, die es beim Design einer Verpackung zu berücksichtigen gilt: Der Designer muss sicherstellen, dass die Verpackung keine unbeabsichtigten Botschaften vermittelt, die dem Produktimage schaden könnten. Das gilt besonders für die Verpackungen internationaler Marken, da verschiedene Kulturen auf bestimmte Stimuli unterschiedlich reagieren.

Bei wirklich globalen Produkten müssen die übermittelten Botschaften auf ein universelles Verständnisniveau gebracht werden. Es gibt nur sehr wenige Produkte, die von sich behaupten können, das geschafft zu haben. McDonald's und Coca-Cola sind zwei solche Ausnahmen und aus diesem Grund zwei der weltweit gängigsten Markenzeichen. Ein derartiger Erfolg schafft jedoch ganz eigene Probleme in Form rigider Designvorschriften.

Anhand der Projekte in diesem Band sollen die kommunikativen Aspekte des Verpackungsdesigns beleuchtet werden. Es handelt sich durchweg um spannende Lösungen schwieriger Probleme, die das Verpackungsdesign von einem trivialen auf ein erhabenes Niveau heben. Ungeachtet dessen, ob sich das Design der unverblümten, aber einprägsamen Wirkung uniformer Schlichtheit bedient oder etwas wirklich Innovatives hervorbringt, die Verpackung ist für den Erfolg oder Misserfolg eines Produkts von immenser Bedeutung.

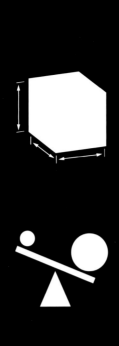

Heaviest End

6

projekt 0.1 mr. lee

Mit Ausnahme der Werbung beeinflusst wahrscheinlich kein Designbereich unser Leben so stark wie die Nahrungsmittelverpackung. Es ist immer häufiger die Packung, die uns über das Produkt informiert und bei Kaufentscheidungen angesichts einer ständig wachsenden, auf verschiedene Marktnischen zugeschnittenen Angebotspalette behilflich ist. Da unsere Ernährungsweisen immer vielfältiger (Lebensmittel aus allen Erdteilen sind heute fast überall erhältlich) und spezifischer (biologisch-dynamisch, ohne Nüsse, glutenfrei etc.) werden, müssen die Verpackungen Schritt halten, um diese riesige Auswahl darzustellen und zu differenzieren. Gerade die Verpackungen asiatischer und chinesischer Nahrungsmittel sind mittlerweile viel raffinierter als die stereotypen, ja herablassenden Designs, die in den 1980er Jahren verwendet wurden. Sogar in kleinen Supermärkten ist heute ein Angebot kulinarischer Stile und globaler Produkte verfügbar, dessen Reichhaltigkeit noch vor zehn Jahren undenkbar gewesen wäre.

Der norwegische Lebensmittelhersteller Rieber & Søn kam mit einem ausgefallenen Problem zu Design Bridge, einer Designfirma mit Büros in London und Amsterdam. Das Unternehmen hatte schon mehrere Jahre lang einen Nudel-Snack unter der Markenbezeichnung „Mr. Lee" vermarktet und vertrieben. Der Gründer dieser Marke, Chul Ho Lee („Mr. Lee"), wanderte als mittellose 17-jährige Waise aus dem vom Krieg geschundenen Korea nach Norwegen aus und erklärte, er könne „Nudeln machen und Schuhe putzen". Da in Oslo kein Bedarf an Schuhputzern herrschte, machte sich Lee an die Nudelherstellung. Es war dies der bescheidene Anfang einer mittlerweile legendären Marke.

Rieber & Søns Problem bestand darin, dass die Verpackung auf einem Foto von Chul Ho Lee basierte, der mit den Jahren zum öffentlichen Repräsentanten und Symbol seines Produkts geworden war. Mr. Lee ist eine Berühmtheit, wie es sie in nur wenigen Ländern gibt, und genießt in seiner Wahlheimat Norwegen Kultstatus.

Ironischerweise kann die erfolgreiche Vergangenheit einer Marke deren zukünftiges Wachstum einschränken, besonders wenn sie in einer so engen Verbindung zu einer wirklichen Person steht. Momentan wird das Produkt zwar nur in Norwegen vertrieben, es verfügt aber über ein starkes Exportpotenzial und könnte zu einer europaweiten (wenn nicht glo-

balen) Marke werden. Da Chul Ho Lee in alle Unternehmensbereiche involviert ist, würde sein Zeitaufwand entsprechend steigen, sollten die Produktpalette erweitert oder Exportmärkte anvisiert werden. Weiterhin ist abzusehen, dass sich der mittlerweile 60-Jährige irgendwann aus dem Berufsleben zurückziehen möchte. Darüber hinaus könnte seine Prominenz, die der Marke jahrelang zugute gekommen ist, dieser eventuell schaden, wenn aus irgendeinem Grund negative Publicity aufkäme.

Design Bridge befasste sich drei Jahre lang mit dem Projekt und verbrachte einen Großteil dieser Zeit in research groups und brainstorming sessions. Zur Zeit der Veröffentlichung dieses Bandes befinden sich viele dieser Ideen noch in der Entwicklung, darunter auch der Markenausbau in fremde Felder wie die Bekleidungsbranche, denn Mr.-Lee-Hemden sind fast genauso bekannt wie die Nudeln, was auf intelligente Weise in das Verpackungsdesign integriert wurde. Wie die folgende Fallstudie demonstriert, macht die von Design Bridge konzipierte Verpackung einen sehr einfachen Eindruck, bei näherer Betrachtung und im Vergleich zu Verpackungen ähnlicher Produkte entpuppt sie sich jedoch als ausgesprochen raffiniert.

Vorrangig sollte die Verpackung dem Produkt treu bleiben, anstatt es gesünder oder frischer darzustellen, als es in Wirklichkeit ist. Wohlgemerkt hat Lee als ehemaliger Koch stets darauf geachtet, dass seine Nudel-Snacks von höherer Qualität sind als die der Konkurrenz. Auch seine Tochter, die früher im Restaurant The Pharmacy in London tätig war, ist in Norwegen eine bekannte Spitzenköchin.

Die Mr.-Lee-Packung wurde mit dem hoch angesehenen Clio Award (USA), dem Mobius Gold Award (USA) und einem Design Week Packaging Award (GB) ausgezeichnet, in ein Buch der englischen Zeitschrift D&AD aufgenommen und sie gehörte zu den Finalisten des New York Festival. Diese Auszeichnungen bescheinigen nicht nur die Vorzüge eines treffenden Verpackungsdesigns, sondern dienen auch als Anerkennung der Tatsachen, dass hier nicht nur für, sondern gemeinsam mit einem Klienten gearbeitet wurde und dass es sich lohnt, Mut zum Individualismus zu zeigen. Die Designer und Mr. Lee haben den Verpackungsstandard von Snackprodukten auf ein neues Niveau gehoben.

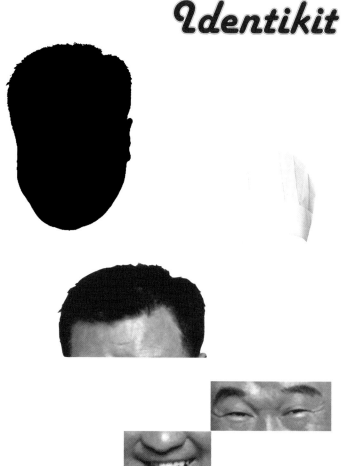

0.1 ursprüngliche packung ↗

Die ursprüngliche Packung beruhte auf fotografischen Darstellungen des Produkts und des Unternehmensgründers. Obwohl der Designauftrag eigentlich nur diese Fotografien durch Illustrationen oder Grafiken ersetzen sollte, wurde beschlossen, das gesamte Erscheinungsbild der Verpackung zu überarbeiten. Die Reproduktion von Lebensmittelfotografien steht und fällt mit der Farbabstimmung, die das Produkt unappetitlich erscheinen lassen kann. Dies wurde als spezifisches Problem der ursprünglichen Packung erkannt, wobei man übereinkam, diese nur durch eine umfassende Neugestaltung optimieren zu können.

0.2 designelemente ↗

Obwohl man auf Fotografien verzichten wollte, blieb Mr. Lees Präsenz von großer Bedeutung, da seine Popularität dem Produkt Integrität verleiht. Das neue Design sollte die Marke vor eventuell auftretender negativer Publicity schützen, den Markenausbau durch Abkoppelung von seiner persönlichen Verfügbarkeit erleichtern und der unglückseligen Tatsache Rechnung tragen, dass Produkte bisweilen eine längere Lebensdauer haben als ihre Hersteller.

Gleich zu Anfang der Designentwicklung wurde erforscht, auf welche Charakteristika des Unternehmensgründers die Verbraucher besonders anspringen. Diese Elemente sollten isoliert und zur Grundlage der endgültigen Karikatur werden.

0.3 altes logo / neues logo ↗

Design Bridge fand, dass der Schriftzug des Designvorgängers eine nudelähnliche Form hatte. Das war zwar nie beabsichtigt gewesen (das Originaldesign stammt aus den 1970er Jahren und verwendet eine damals übliche Typografie), eignete sich aber sehr gut zur Anpassung an das neue Design. Mit dem Essstäbchen-Icon konnte nicht nur die Typografie rationalisiert, sondern auch ein wichtiges Symbol für die Natur des Produkts hinzugefügt und gleichzeitig dessen Authentizität verstärkt werden.

Wie an dem koreanischen Schriftzug oben zu sehen ist, bleibt die Schrift in verschiedenen Sprachen leserlich und erkennbar, was bei einer möglichen weltweiten Expansion von entscheidender Bedeutung ist.

0.4 entwicklungsskizzen ↗

Bei der Kombination von Typografie und Mr.-Lee-Icon experimentierte Design Bridge zur Wiederbelebung der Marke mit verschiedenen Logos. Schon in diesem Frühstadium wurde das Logo über den reinen Verpackungszweck hinaus entwickelt und in Werbeschilder für Restaurants integriert – für einen zukünftigen Markt, von dem sich das Unternehmen viel verspricht.

0.5 transformation ↙

Diese Abfolge zeigt, wie Mr. Lees sympathische Eigenschaften über mehrere weiterführende Interpretationen hinweg beibehalten wurden. Überflüssige Details wurden weggelassen und die wichtigsten Charakterzüge herausgearbeitet, um ein simples, aussagekräftiges Icon zu schaffen.

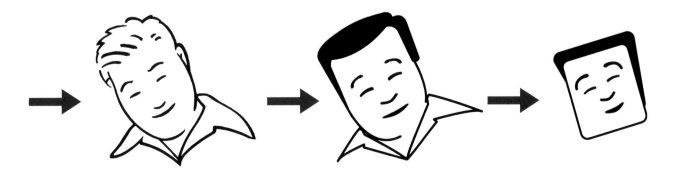

0.6 icon   ↙   ↑

Bei der Entwicklung der Mr.-Lee-Figur experimentierte das Designteam mit mehreren potenziellen Inkarnationen. So wurden Sekundärpersönlichkeiten und Erweiterungen des Hauptmarkenzeichens geschaffen, ohne seine Grundmerkmale drastisch zu ändern.

Obwohl nur wenige dieser Nebenfiguren je in Produktion gehen dürften, demonstrieren sie doch die Flexibilität des Icons. Da die Designvorschläge auf einer zusammenfassenden Vereinfachung des Markenzeichens beruhten, musste das Büro unter Beweis stellen, dass sich dadurch keine Beschränkungen ergeben.

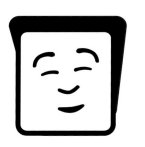   

0.7 anwendung ↗

Nach ihrer Entwicklung wurde die Illustration auf ein einfaches Verpackungsdesign übertragen. Das Logo erscheint auf dem Deckel, was für ein Lebensmittelprodukt, das im Regal meistens von vorn gesehen wird, eher ungewöhnlich ist, aber die Vorzüge der einprägsamen Mr.-Lee-Figur und des Markenprofils für das Erkennen des Produkts am Verkaufsort unter Beweis stellt (siehe nächste Seite). Steve Elliot (creative director) erklärt: „Hier stellt sich die Frage, wie stark das Profil einer Marke ist, und bei dieser ist es sehr stark." In weiteren Entwicklungen erscheint das Becherdesign auch auf der Beutelpackung. „Die Stärke des Markenzeichens liegt nicht nur in der Grafik, sondern in dem Becher selbst – er steigert die Authentizität, wie die Verwendung der traditionellen Cola-Flasche auf einer Coca-Cola-Dose", so Ian Burren, der Designer.

0.8 situationen ↙

Während sich Mr. Lees Charakterisierung ihrer Vollendung näherte, wurden Variationsmöglichkeiten der Marke getestet. Obwohl das Design vorrangig für die etablierten Produkte gedacht war, sollte es doch flexibel genug sein, um in unterschiedlichen Bereichen optimal zu funktionieren. Das Resultat war eine ganze Reihe verschiedener Inkarnationen von „Mr. Lee". „Mr. Cool" könnte schon bald Eiskrem oder Tiefkühlprodukte zieren. „Mr. Hot", der die scharfe Chili-Variante des Produkts repräsentiert, wurde im Markt bei Mikrowellenmahlzeiten getestet und „Mr. King" landete auf der Nudel-Großpackung. Zur Demonstration der Flexibilität des Verpackungsdesigns gab es auch noch einen „Mr. Seafood", einen „Mr. Tourist", einen „Mr. Steam" und einen „Mr. Rubbish".

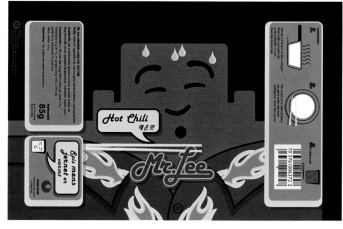

0.9 druck ↙ ↗

Alle Verpackungsaspekte wurden genauestens für den Druck spezifiziert. Die Vorlagen waren in Zusammenarbeit mit den Verpackungsherstellern entwickelt worden, um eine genaue Entsprechung der endgültigen dreidimensionalen Verpackungsformen zu gewährleisten. Dabei wurden bestimmte Toleranzen berücksichtigt, die bei den verschiedenen Schneide- und Falzvorgängen unvermeidlich sind.

1.0 spezifizierung der mustervorlage ↘

Schriften und Farbtöne aller endgültigen Verpackungselemente werden genau spezifiziert. Um ein optimales Ergebnis zu erzielen, wird eine Reihe komplexer Datenblätter und Proofs mitgeliefert, die als Referenz dienen.

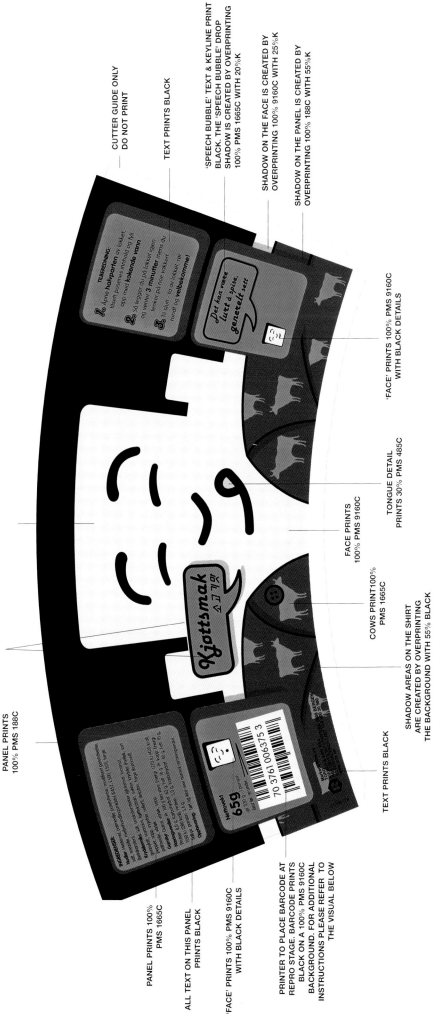

CUTTER GUIDE ONLY
DO NOT PRINT

TEXT PRINTS BLACK

'SPEECH BUBBLE' TEXT & KEYLINE PRINT
BLACK. THE 'SPEECH BUBBLE' DROP
SHADOW IS CREATED BY OVERPRINTING
100% PMS 1665C WITH 20%K

SHADOW ON THE FACE IS CREATED BY
OVERPRINTING 100% 9160C WITH 25%K

SHADOW ON THE PANEL IS CREATED BY
OVERPRINTING 100% 188C WITH 55%K

FACE PRINTS
100% 9160C

'FACE' PRINTS 100% PMS 9160C
WITH BLACK DETAILS

'SPEECH BUBBLE' PRINTS
100% PMS 1665C WITH
BLACK TEXT & KEYLINE

PANEL PRINTS
100% PMS 188C

FACE PRINTS
100% PMS 9160C

TONGUE DETAIL
PRINTS 30% PMS 485C

COWS PRINT100%
PMS 1665C

SHADOW AREAS ON THE SHIRT
ARE CREATED BY OVERPRINTING
THE BACKGROUND WITH 55% BLACK

PANEL PRINTS 100%
PMS 1665C

ALL TEXT ON THIS PANEL
PRINTS BLACK

'FACE' PRINTS 100% PMS 9160C
WITH BLACK DETAILS

PRINTER TO PLACE BARCODE AT
REPRO STAGE. BARCODE PRINTS
BLACK ON A 100% PMS 9160C
BACKGROUND. FOR ADDITIONAL
INSTRUCTIONS PLEASE REFER TO
THE VISUAL BELOW

TEXT PRINTS BLACK

PRINTER TO MATCH THIS VISUAL
BY EXTENDING THE RELEVANT
TWO LINES ON THE BARCODE UP
THROUGH THE CHOPSTICKS. IF THIS IS
NOT POSSIBLE PLEASE LEAVE AS IT
APPEARS ON THE ARTWORK

7 0 3761 006375 3

DESIGN BRIDGE

FOR MORE INFORMATION REGARDING
THIS ARTWORK, PLEASE CONTACT THE
PRODUCTION DEPARTMENT AT:

DESIGN BRIDGE UK LIMITED
18 CLERKENWELL CLOSE
LONDON EC1R 0QN
TELEPHONE: 020 7814 9922
FAX: 020 7814 9024

NOTES:

CLIENT NAME: Rieber & Son
PROJECT TITLE: Mr. Lees Noodle Pots
BEEF
JOB No.: LEE/017P
DATE: 30/10/01
ARTWORK VERSION NUMBER
8

FONTS:
HARLOW SOLID
VAG ROUNDED

ORIGINATION
SOFTWARE ILLUSTRATOR 8.0
DESIGN:
ORIGINATOR: SB

GENERAL NOTES: THE COLOURS ON THIS PRINTOUT ARE NOT ACCURATE
AND ARE INTENDED TO BE USED AS A GUIDE ONLY, DO NOT USE FOR
MATCHING PURPOSES UNLESS OTHERWISE STATED.
THIS ARTWORK DOES NOT CONTAIN ANY TRAP/GRIP/CHOKE INFORMATION.

SCALE: AT 100% THE OVERALL WIDTH OF THIS SPECIFICATION BOX WILL MEASURE 252mm

SPECIALS

Black | PMS 188C | PMS 1665C | PMS 485C

ACCOUNT: PRODUCTION: CLIENT:

FONTS WILL NOT BE SUPPLIED WITH THIS ARTWORK All special colours specified are from the PANTONE © Matching System unless otherwise stated. © Design Bridge 2001

ALL INTELLECTUAL PROPERTY RESERVED
PENDING FULL SETTLEMENT OF INVOICE.
SEE TERMS AND CONDITIONS OF CONTRACT.

Whilst every effort is made to ensure the accuracy of the text in this artwork, Design Bridge cannot accept responsibility for any errors or omissions. See terms and conditions.

21

This End Up: Kreatives Verpackungsdesign

design bridge

mr. lee

1.1 branding ↖

An der Verpackung fällt auf, dass sie scheinbar kein Markenzeichen trägt, was nur durch den starken visuellen Eindruck möglich wird, den ihre Vorderseite hinterlässt. Das Markenzeichen erscheint zusammen mit der Geschmacksrichtung des Inhalts in vereinfachter, ausdrucksstarker und wirkungsvoller Form auf dem abziehbaren Deckel und wird erst sichtbar, wenn man das Produkt aus dem Regal nimmt.

1.2 sekundärpackungen ↙ ↗

Die zentrale Rolle des Bechers als Markenzeichen wird durch seine Wiederholung auf dem Gewürzbriefchen unterstrichen. Dort verstärkt er die Schlüsselelemente des Verpackungsdesigns und verleiht ihnen größere Geschlossenheit: der Becher, die Mr.-Lee-Figur, das Logo und die Farbgestaltung.

1.3 informationen

Alle gesetzlich vorgeschriebenen Informationen sind klar und deutlich sichtbar. Über die gesetzliche Auflage, die verwendeten Geschmacks- und Zusatzstoffe zu deklarieren, hinaus erscheinen die Inhaltsstoffe in der Reihenfolge ihres Gewichtsanteils.

Auch Name und Adresse des Herstellers, Lagerungshinweise und Nettogewicht müssen angegeben werden. Das Nettogewicht abgepackter Lebensmittel muss im metrischen System angegeben werden und kann nach Wunsch durch englische Maßeinheiten ergänzt werden.

Aufgedruckte Hintergrundsymbole kennzeichnen die Geschmacksrichtung des Produkts durch Kühe, Hühner oder Flammen. Auf den Bechern selbst erscheinen diese Illustrationen auf dem Hemd der Mr.-Lee-Figur und stellen so eine weitere Verbindung zum Unternehmensgründer her.

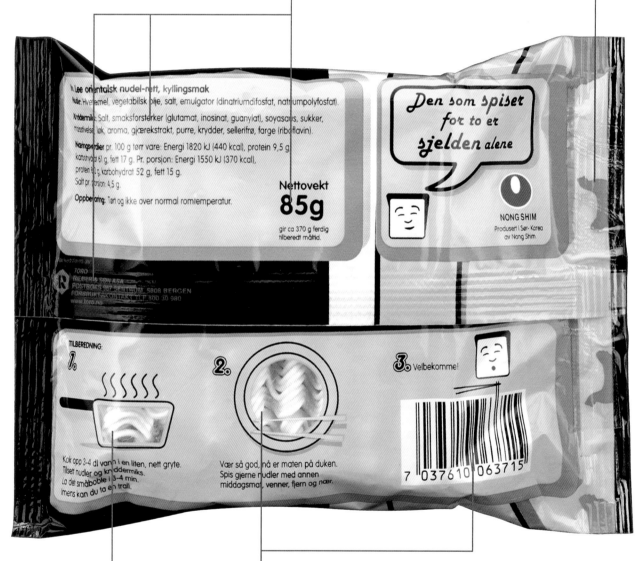

Durch Klarsichtfenster in der Beutelpackung wird das Produkt sichtbar und das Farbproblem bei fotografischen Lebensmitteldarstellungen vermieden. Die Vermischung von transparenten und bedruckten Hintergründen macht den Inhalt zum integralen Bestandteil der Verpackung. Die Gebrauchsanweisung schreitet auf abstrahierte und spielerische Weise vom Topf über den Teller bis zum Verzehr fort. Sogar der Strichcode ist von Mr. Lees Persönlichkeit durchdrungen.

Strichcodes

Europäische Verpackungen unterliegen einem standardisierten System, das aus einem 13-stelligen Strichcode besteht. Das amerikanische UPC-System verwendet zwar nur zwölf Stellen (im Einklang mit dem dortigen Binärsystem), ist aber kompatibel, so dass in Europa hergestellte Produkte exportfähig sind.

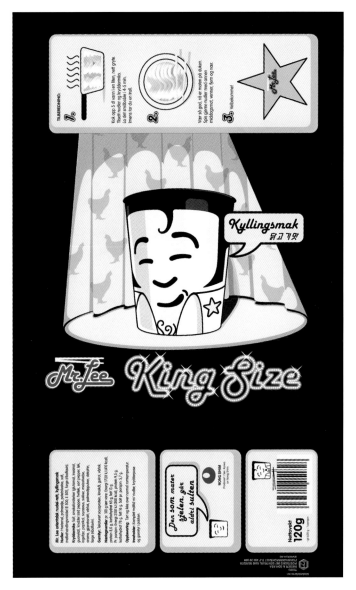

1.4 empfehlungen ↑ ←

Bestimmte Produktempfehlungen oder -assoziationen – in diesem Fall Elvis Presley – können von Vorteil sein, solange der Kontext für den Verbraucher glaubwürdig bleibt. Mr.-Lee-Nudeln werden als aufregendes Spaßprodukt vertrieben. Die Analogie zwischen Elvis Presley („The King") und der Großpackung („King-Size") hat einen amüsanten, wirkungsvollen Synergieeffekt. Weitere Variationsmöglichkeiten wie z. B. ein Mr.-Superman-Snack für Kinobesucher sind leicht vorstellbar. Diese „Prominenten"-Packungen haben großen Wert beim Markenausbau, weil sie nicht nur den Produktinhalt erklären, sondern – da Mr. Lee in Norwegen Kultstatus genießt – selbst zum Sammlerobjekt werden. Obwohl es sehr populäre, fiktive Markenfiguren gibt wie beispielsweise „The Colonel" von Kentucky Fried Chicken, wird man nur schwer Beispiele für Galionsfiguren aus dem wirklichen Leben finden, die es in Norwegen an Berühmtheit mit Mr. Lee aufnehmen könnten.

Die Website (www.leemail.com) wurde bewusst auf ‚hausgemacht' getrimmt. Sie bestärkt die Vorstellung, dass Mr. Lee persönlich am Herd steht.

Als Chul Ho Lee die neu gestaltete Verpackung sah, kommentierte er: „Ich kann ewig leben!" Sie können sich also darauf vorbereiten, Mr. Lee schon bald in einem Regal, einem Kühlschrank oder Kino in Ihrer Nähe zu sehen.

projekt 0.2 unavailable

Parfumflakons werden schon lange sehr erfolgreich dazu benutzt, „Stil" zu verkaufen. Von der zeitlosen Chanel-Flasche über Salvador-Dalí-Designs bis zu den äußerst verführerischen Flakons von Gaultier, Issey Miyake und Comme des Garçons ist die Duftflasche untrennbar mit gutem Geschmack und Stil verbunden. Ungeöffnete Flakons im frühen Chanel-Look oder Sonderdesigns des Künstlers Allen Jones erzielen astronomische Preise. Hier wird die Flasche vom Behälter zum Statussymbol. Aber schließlich stellen wir an Parfumverpackung etwas höhere Ansprüche als an die Verpackungen anderer Flaschenprodukte wie Hustensaft, Shampoo oder Nagellackentferner. Einer der größten Vertreter der Popkultur überhaupt sagte dazu:

„Ich bin zwar nicht gerade ein Snob, was die Duftflasche betrifft, lasse mich aber gerne von einer geschmackvollen Präsentation beeindrucken. Es steigert mein Selbstvertrauen, einen schön gestalteten Flakon in die Hand zu nehmen."

Andy Warhol – Von A nach B und zurück

Mitch Nash von Blue Q (einem Parfumhersteller und -vertreiber) kam zu Sagmeister Inc. mit der Idee für ein Parfum namens „Unavailable" (unerreichbar, nicht verfügbar). Das Konzept bestand aus einer Parfumpackung mit beigelegtem, von Karen Salmansohn verfassten Heft, das die Philosophie von „Unavailable" erklären sollte. Salmansohn hatte 15 Prinzipien über Frauen und ihre Anziehungskraft formuliert (siehe Seite 36) und war dabei von der Maxime ausgegangen, dass Unerreichbarkeit die Anziehungskraft erhöht. Das Verpackungssystem sollte den etablierten Regeln der Duftpräsentation augenscheinlich widersprechen, indem es sich auf narrative, und nicht nur stilistische Elemente berief.

Obwohl man diesen Auftrag für den Wunschtraum eines jeden Designers halten könnte, hatte Stefan Sagmeister einige Vorbehalte, vor allem, weil die Verpackung seiner Meinung nach nur schwer die Absichten der Philosophie erfüllen könne. „Da so viele Parfumflaschen in Geschenkverpackungen vermarktet werden, die dem Verbraucher zusätzliche Kinkerlitzchen wie Duschbürsten etc. bieten, war ich von dem beigefügten Heftchen nicht besonders überzeugt. Ich hielt es schlicht für ein Wegwerfprodukt." Sagmeisters Vorbehalte waren sehr verständlich angesichts der Flut von Produkten, die zwar eine Kernphilosophie versprechen, aber letztendlich wenig mehr als oberflächliche Effekthascherei darstellen.

Sagmeisters erste Inspiration für das Verpackungsdesign entsprang einem seiner früheren Aufträge. „Zehn Jahre zuvor war ich an einem Projekt in Hongkong beteiligt, das sich um versteckte, speziell angefertigte Glasaugen in einem ausgestanzten Notizbuch drehte. Diese Idee tauchte jetzt wieder auf. So wäre es möglich, Heft und Flasche nicht nur zu kombinieren, sondern das Buch zur Verpackung werden zu lassen, so dass die Philosophie den Duft eng umschmiegt." Die Idee wurde auch auf andere Verpackungsobjekte, z. B. Seife, übertragen, wodurch eine Erweiterung der Philosophie möglich wurde. Sagmeister bezog die Grundlagen seines Verpackungskonzepts aus der Philosophie des „Unerreichbarkeitsprinzips".

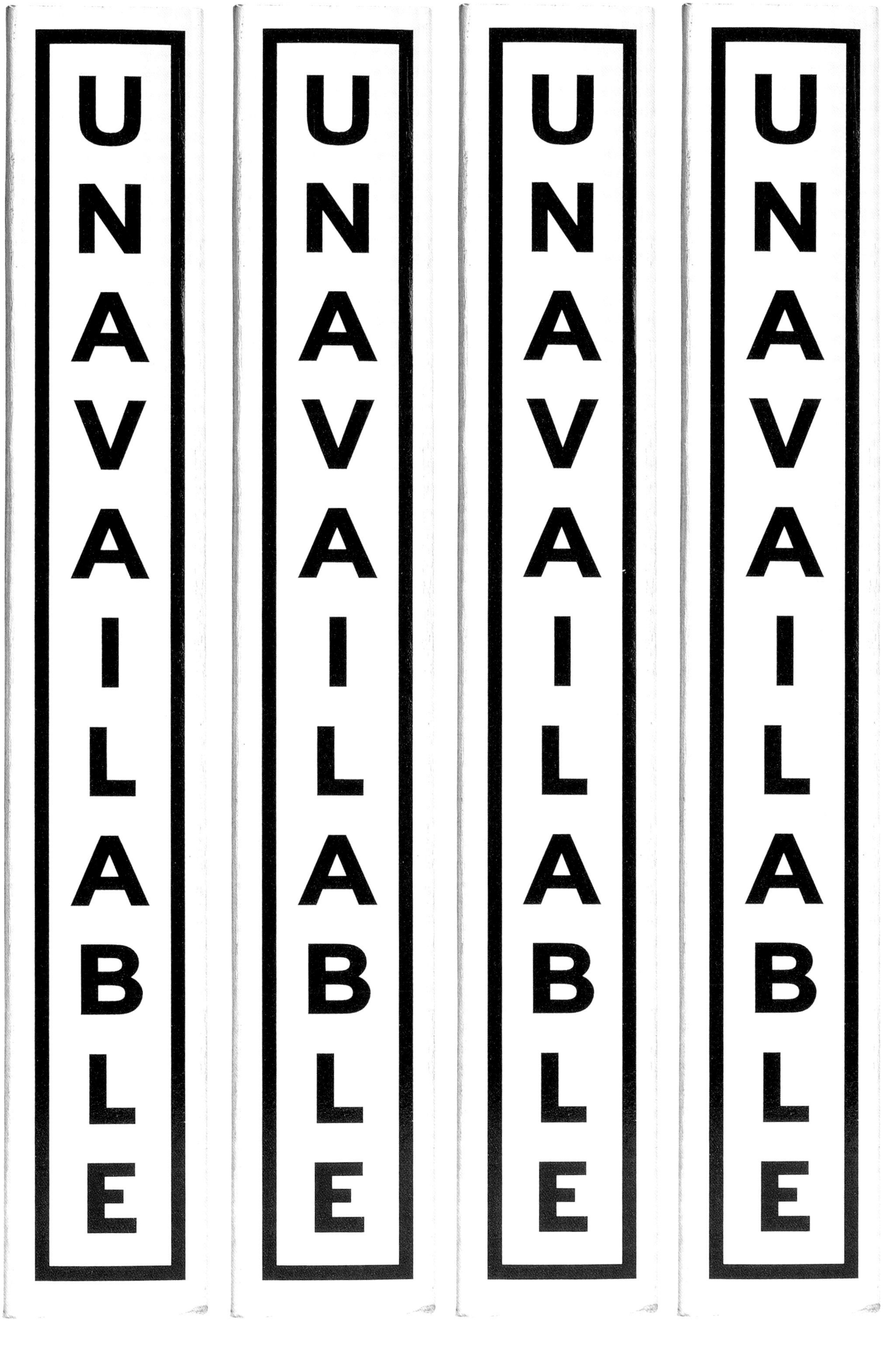

UNAVAILABLE

UNAVAILABLE

UNAVAILABLE

UNAVAILABLE

0.1 zensiert　　　　　　　　　　↗

Sagmeister experimentierte mit verschiedenen Auffassungen von Unerreichbarkeit und kam so auf die Zensur, die Texte und Bilder unerreichbar macht und darüber hinaus mit Laster, Verbotenem, sexuellen Aus-
schweifungen und Unkenntlichmachung zum Schutze Unschuldiger
assoziiert wird. Auf der Verpackung setzte er dieses Konzept visuell als
schwarzen Balken um, der auf der transparenten Außenverpackung den
Parfumnamen „zensiert". Der Titel des „Unavailable"-Hefts erscheint
also erst, wenn man das Äußere abnimmt. „Der schwarze Balken war
eine ziemlich offensichtliche Wahl und zitiert den bekannten Zensurbalken – nicht verfügbare Informationen. Das Heft steckt in einem transparenten Umschlag, der mit dem schwarzen Balken bedruckt wurde",
erklärt Sagmeister.

0.2 das heftinnere　　　　　　　↘

Das Heft selbst besteht aus 36 gestanzten Seiten, die den Flakon sicher
umschließen. Die 15 Prinzipien wurden einzeln auf gegenüberliegende
Seiten gedruckt.

Während die „Unavailable"-Philosophie enthüllt wird,

durch das Umblättern jeder Seite,

schält sich die Parfumflasche langsam

aus der Umarmung der gestanzten Seiten,

die sie eng umschließen

und unerreichbar machen.

Während sich die Kundin mental darauf vorbereitet,

das Prinzip der Unerreichbarkeit praktisch umzusetzen,

wird der Duft, der ihr helfen wird

– wie der Mann, den sie zu umgarnen hofft –,

durch Unerreichbarkeit

zur Eroberung freigegeben.

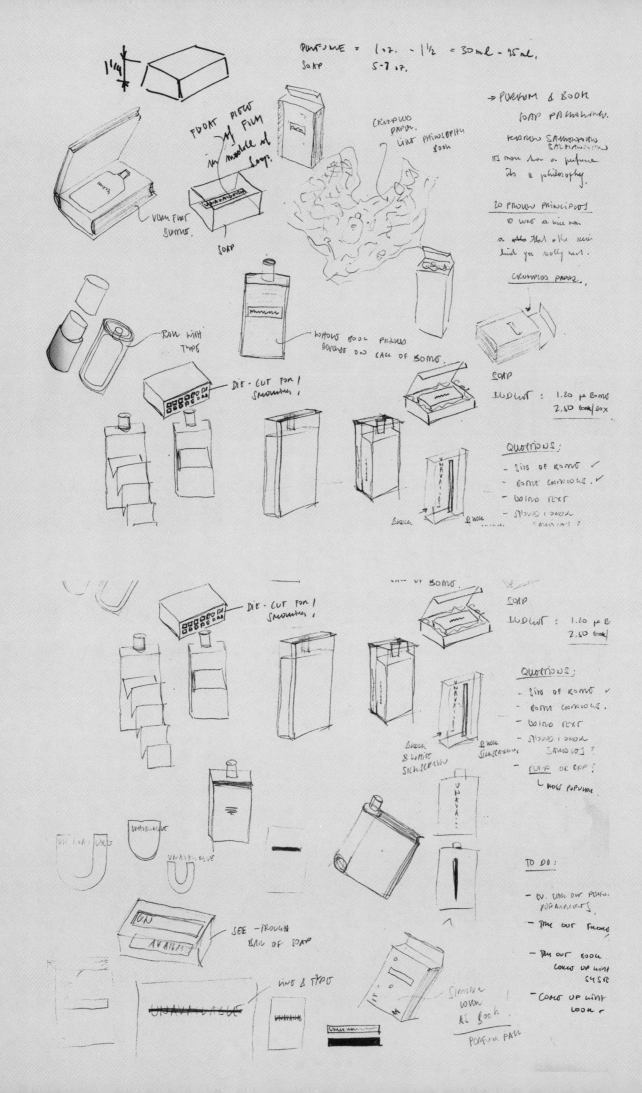

0.3 entwicklung

Die Entwicklung einer neuen Flaschenform ist zeitintensiv und teuer und überstieg die Möglichkeiten dieses Projekts. „Beim Layout haben wir verschiedene komplexe Schemata ausprobiert, fielen aber immer wieder auf die einfachsten Lösungen zurück. Die Flasche hat eine klassische Standardform (wir hatten nicht die Mittel, eine neue Standardflasche zu kreieren)," so Sagmeister.

Angesichts der Beschränkung auf eine schlichte Standardflasche suchte Sagmeister nach innovativen Lösungen und verfiel auf dieselbe Taktik, die er schon beim transparenten Heftumschlag angewendet hatte – die Zensur des Produktnamens. Der Name des Parfums wurde auf die Flaschenrückseite gedruckt, wo er vom schwarzen Balken auf der Vorderseite verdeckt wird. Er bleibt versteckt, bis die Flasche schräg gehalten wird, um ihn hinter dem Zensurbalken sichtbar zu machen. Die Verpackung lässt den Verbraucher selbst die Erzählung vollenden und lädt zur Interaktion ein.

15 proven principles for applying Unavailable, the philosophy:

① (circled)

Principle #1
Don't fake orgasm, but do fake call waiting. Multiple call waiting. Let him know you're a woman in demand – not a demanding woman.

Principle #2
Viva La Indifference.

Principle #3
Never, never (ever) call the man. The more challenging you are to catch, the greater the pride he'll take in catching you. Remember, a man's primal instinct is to hunt; he enjoys the thrill of the kill. You'll be glad you resisted, and so will he. It's an opportunity to tap into his primal hunting urge.

Principle #4
Women take longer than men to get ready for parties. Men take longer to get ready for relationships. Neither like to be rushed.

Principle #5
Be mysterious and vague about your time apart. Learn to use the androgynous "my friend" and/or the nondescript "they" when describing whomever else you spend time with. Your man need never know that "my friend" + "they" = "my mother".

Principle #6
The best way to find a man is to already have one – or seem as if you do. To set the stage for the part you are to play, include props like a filled-up file-o-fax calendar should he, per chance, stumble upon it (open) on your desk.

Principle #7
Never say "yes" to a date request without: 1. a notable pause 2. an audible flip through your calendar 3. a 24-hour lead time

---

Principle #8
Don't be in a hurry to unpack your emotional baggage. Always travel light with whom you don't share a native language. The less ② (circled) into a relationship.

Principle #9
Consider dating someone in a distant city. Or, if you already desire a man in your local in-state area, simply try using some of the most seductive words a woman can ever use on a man: "I may be moving to Siberia in November." Casually mention your future departure plans and watch the magic unfold.

As an Unavailable woman, you must remain a bit more mysterious, alluring babe land the less you'll be able to piss each other off.

vocabulary you share, the more you can remain a mys-

Principle #10
If you ever wanna hear "I do", you have to say a few "I don't"s. The harder you are to win sexually, the bigger your estimated prize value. Yes, unfortunately, even in this modern age, no man wants to belong to a club that has touched his member. It's the ol' Groucho Mr. Hide Syndrome. So, always adhere to the three-date-minimum rule for sex. And keep in mind that men have a three-date maximum. **Note:** To enhance sexual willpower, don't shave armpits or legs for a few days before a date with a hunky guy...unless he's European.

Principle #11
Never tell a man how many men you've slept with. And never show off your sexual acrobatics too soon. Basically, men want a woman who knows what she's doing without ever having done it before. So, in the beginning, fake being less lascivious in bed than you really are. **Note:** ...ysteriously, men don't seem to mind hearing about all

and funny, what they truly want is a woman who is less smart and funny than themselves. It's the ol' "Smart Woman, No Choices," and its sequel, "A Mute Girl Is A Cute Girl."

of reach, leaving him wanting more. This means: 1. leaving parties while your belle-of-the-ball curve is on the up swing. 2. ending all phone conversations before they've reached their full throttle fun. In fact, consider getting off the phone before you've even finished your...

Principle #15
As an Unavailable woman, you must always remain a bit out

---

the women you've slept with. [Go figure.]

Principle #12
As an Unavailable woman you are different than the typical woman that John Gray describes as being from the planet Venus. YOU are uniquely from the more distant, unexplored planet, Mercury. Your culture promotes the Mercurial Seduction Dance: 1. One step forward. ("Hey, sailor, I'm available.") 2. A half step backward. ("Then again, maybe not.") Mmmmmm... mixed messages. They drive men crazy with desire.

Note: Perhaps PMS is actually nature's way of keeping a relationship from getting too bland and boring.

Principle #13
A truly smart woman is careful about how quickly she reveals how smart she truly is. By not being completely mentally available to your man, you can create a safe atmosphere that allows him to talk freely without fear of your insightful analysis of him. Meanwhile, you can be gathering important details about him that will, well, help you in your insightful analysis of him. Then, in the same way a bank robber first gathers crucial information about a potential crime scene, you can determine how best to steal his heart.

Principle #14
When in doubt about how much and what to say, always keep in mind it's wiser to be more important to be aloof than alert. Unfortunately, although many men claim they want a woman who's smart

---

Manufactured and distributed under exclusive license by BLUE Q, Pittsfield MA. Made in U.S.A

NET WEIGHT 1.7 oz. / 50 g

15 proven principles for turning a nice man or that sexier, more dangerous kind you really want!

By Karen Salmansohn

©2000 by Karen Salmansohn
Design: Segmeister Inc., New York.

It's more than a perfume, it's a philosophy.

UNAVAILABLE

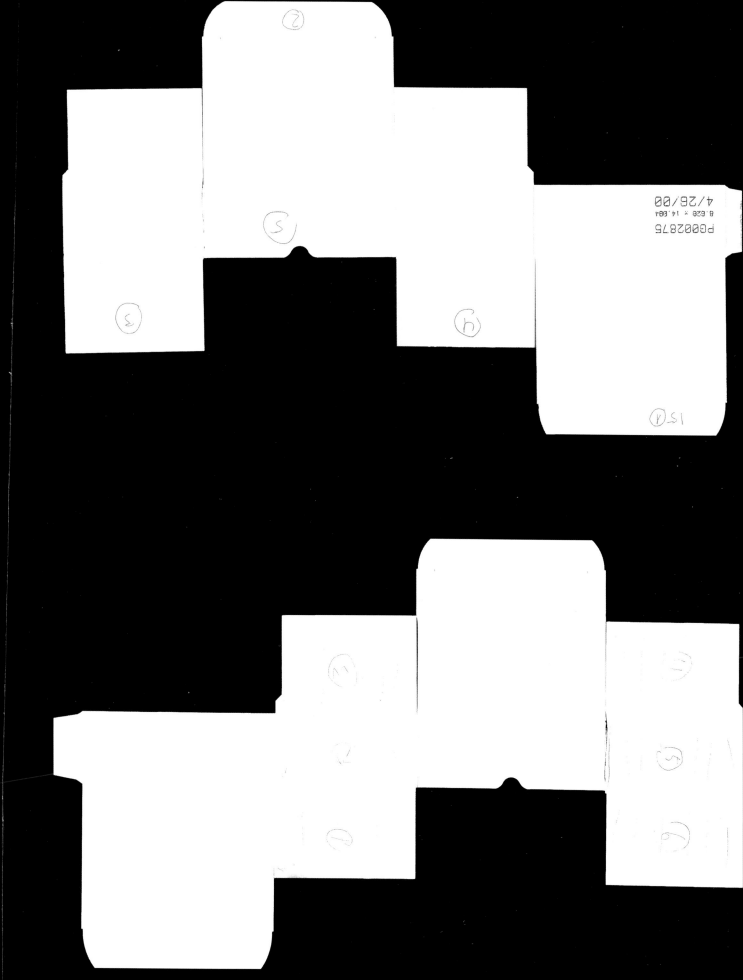

0.4 prototyp

Auf der vorhergehenden Doppelseite sind Frühstadien der Verpackung für die „Unavailable"-Seife zu sehen. Der Text wurde auch auf die Klappen gesetzt, damit die Aussagen nach dem Auffalten in der idealen Leserichtung erscheinen. Die 15 Prinzipien sind auf der übernächsten Seite abgedruckt.

0.5 seife

Die „Unavailable"-Seife benötigte ein neues Konzept, allerdings unter Beibehaltung der 15 Prinzipien und der verstohlenen Atmosphäre. Da Sagmeister sich mittlerweile für das Thema erwärmt hatte, kam ihm die Idee sehr schnell: „Die Seifenpackung war einfach zu lösen, da die Philosophie auch hier den Duft umschließt, wenn man den Hefttext auf das Schachtelinnere druckt. Das ‚Un' von ‚Unavailable' ist nur halb so tief eingeprägt wie die restlichen Buchstaben, so dass der Verbraucher nach mehrfacher Verwendung ‚available' (verfügbar) wird." Diese von Stephan Haas, einem Praktikanten bei Sagmeister Inc., entwickelte Idee ist amüsant und treffend und reflektiert Prinzip Nr. 13 auf subtile Weise: „Eine wirklich kluge Frau achtet darauf, nicht zu schnell durchblicken zu lassen, wie klug sie wirklich ist."

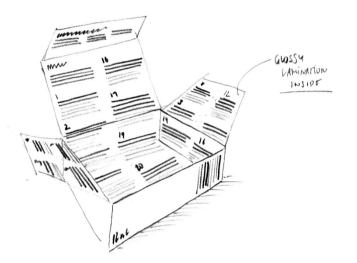

sagmeister inc.

unavailable

This End Up: Kreatives Verpackungsdesign

Prinzip #1

Täuschen Sie keine Orgasmen vor, sondern eine gewisse Wartezeit bei Anrufen. Lassen Sie Ihn ruhig wissen, dass sie eine viel geforderte Frau sind – und keine fordernde.

Prinzip #2

Vive La Indifference.

Prinzip #3

Rufen Sie den Mann nie, nie (jemals) an. Je schwieriger es ist, Sie zu erwischen, desto größer wird sein Stolz sein, wenn er es schafft. Sie sollten sich immer daran erinnern, dass der Jagdtrieb ein Urinstinkt des Mannes ist; der Todesstoß macht ihm Spaß. Sie werden sich über ihre Zurückhaltung freuen, und er auch. Sie gibt Ihnen die Möglichkeit, seinen urzeitlichen Jagdtrieb anzustacheln.

Prinzip #4

Frauen brauchen länger als Männer, um sich auf Partys vorzubereiten. Männer brauchen länger, sich auf Beziehungen vorzubereiten. Beide werden nicht gerne gedrängelt. Packen Sie ihr emotionales Gepäck nicht übereilt aus. In eine Beziehung reist man am besten leicht.

Prinzip #5

Zeiten der Abwesenheit sind immer mysteriös und vage darzustellen. Gewöhnen Sie sich bei der Beschreibung anderer Menschen, mit denen Sie Zeit verbringen, die Verwendung des androgynen „Bekannte" und/oder des schwammigen Plurals „die" an. Ihr Mann braucht nie zu erfahren, dass:

„Bekannte" + „die" = „meine Mutter".

Prinzip #6

Männer sind am leichtesten zu haben, wenn man schon einen hat – oder diesen Anschein erweckt. Um die Bühne auf Ihre Rolle vorzubereiten, brauchen sie die richtigen Requisiten, wie zum Beispiel ein pralles, geöffnetes Adressbuch – sollte er, rein zufällig, auf ihrem Schreibtisch darüber stolpern.

Prinzip #7

Verabredungen werden grundsätzlich nicht eingegangen ohne:

1. eine hörbare Pause

2. ein merkliches Durchsuchen ihres Terminkalenders

3. eine Vorlaufzeit von 24 Stunden

Prinzip #8

Sie könnten einen Flirt mit jemandem in Betracht ziehen, der aus einem anderen Sprachraum stammt. Je geringer das gemeinsame Vokabular, desto länger können Sie das geheimnisvolle Objekt der Begierde bleiben (und desto weniger leicht werden sie streiten).

Prinzip #9

Sie könnten in Betracht ziehen, mit jemandem in einer weit entfernten Stadt zu flirten. Wenn Sie bereits einen Mann in ihrer Stadt begehren, könnten Sie die verführerischsten Worte an ihm ausprobieren, die eine Frau jemals zu einem Mann sagen kann: „Ich ziehe im November vielleicht nach Sibirien." Erwähnen Sie diese Reisepläne ganz beiläufig und beobachten Sie dann, wie der Zauber wirkt.

Prinzip #10

Wenn Sie jemals „ich will" hören wollen, müssen Sie häufig „ich will nicht" sagen. Je schwieriger es ist, sie sexuell zu erobern, desto höher wird Ihr Beutewert geschätzt. Halten Sie sich also immer an die Regel, Sex erst nach einem Minimum von drei Rendezvous zuzulassen. Und erinnern Sie sich daran, dass bei Männern drei Rendezvous schon als Maximum gelten.

Prinzip #11

Erzählen Sie einem Mann niemals, mit wie vielen Männern sie geschlafen haben. Und führen Sie ihre sexuellen Fertigkeiten nie zu früh vor. Männer suchen grundsätzlich nach Frauen, die wissen, was sie tun. Ohne es jemals zuvor getan zu haben. Am Anfang sollten Sie also vortäuschen, im Bett viel weniger fantastisch zu sein, als Sie tatsächlich sind.

Prinzip #12

Als unerreichbare Frau sind Sie ganz anders als die Frauen, die John Gray als Venusianerinnen bezeichnet hat. Sie stammen einzigartigerweise von dem viel weiter entfernten, unerforschten Planeten Merkur. Ihre Kultur fördert den Merkurianischen Verführungstanz:

1. Ein Schritt vorwärts. („Hey, Matrose, ich bin zu haben.")

2. Einen halben Schritt zurück. (Andererseits, vielleicht auch nicht.") Mmmhh ... widersprüchliche Botschaften. Sie machen Männer fast wahnsinnig vor Leidenschaft.

Prinzip #13

Als unerreichbare Frau sollten Sie sich immer an Folgendes erinnern: Eine wirklich kluge Frau achtet darauf, nicht zu schnell durchblicken zu lassen, wie klug sie wirklich ist.

So schaffen Sie eine sichere Umgebung, in der ein Mann ungezwungen reden kann, ohne sich vor Ihrer verständnisvollen Analyse zu fürchten. Gleichzeitig können Sie wichtige Details über ihn in Erfahrung bringen, die Ihnen bei Ihrer verständnisvollen Analyse helfen werden. Nur so können sie – wie ein Einbrecher, der zuerst die wichtigsten Informationen über einen potenziellen Tatort sammelt – herausfinden, wie sein Herz am besten zu erobern ist.

Prinzip #14

Wenn Sie sich nicht sicher sind, wie viel oder was Sie sagen sollen, erinnern Sie sich immer an eines: Es ist leider bedeutend wichtiger, unnahbar zu wirken als aufgeweckt, obwohl viele Männer behaupten, eine kluge und geistreiche Frau zu suchen und dabei tatsächlich eine Frau suchen, die klug und geistreich ist – solange sie nicht klüger und geistreicher ist als er selbst.

Prinzip #15

Als unerreichbare Frau müssen Sie immer etwas außerhalb seiner Reichweite bleiben und ihn hungern lassen. Das bedeutet:

1. Partys zu verlassen, sobald klar ist, dass Sie die begehrteste Schönheit des Abends sind.

2. Alle Telefongespräche zu beenden, bevor sie in ausgelassenen Spaß ausarten. Tatsächlich könnte es sich sogar lohnen, den Hörer einzuhängen, noch bevor Sie überhaupt ...

UNAVAILABLE

15 PROVEN PRINCIPLES FOR APPLYING UNAVAILABLE, THE PHILOSOPHY:

[If yo]u've ever felt as if you were wearing [a "]KICK ME!" sign on your heart, you are [no]t alone. Thankfully, there is a solution [f]or finding that ever-elusive, seemingly [ex]clusive, happily ever-after love you've been craving. And that solution is called Unavailable. Time and again, a woman who makes herself Unavailable (socially, emotionally, sexually, intellectually, geographically, or any combination there-of) finds herself reeling in men from virtually all over the planet. It's as if she were emitting a powerful sixth scent that men can smell from miles away – even from another coast... especially from another coast. Now, for the first time, you can enjoy the satisfying, magnetic affects of being Unavailable in both soap and philosophy form. Once you start applying this synergistic combination, you will quickly find yourself surrounded by nice men... or (even better) that sexier, more dangerous kind you really want!

CLASSIC SUCCESS STORIES

A. ROMEO AND JULIET
B. CINDERELLA

Unavailable is an irresistible scent that has helped women lure men since, well, since the beginning of time. If you need a celebrity endorsement, they abound. Just ask Romeo about Juliet. Juliet had that enviable Unavailable family lineage working in her favor. "Oh no, Romeo, I can't meet you tonight!" Juliet told her man. When she finally agreed to a date, she stood him up. Guess what? Romeo still thought Juliet was to die for.

Then there's Cinderella. With a dead-end career and an embarrassing home life, she still knew how to snag a prince. How?

1. She flirted profusely.
2. She excused herself to go to the powder room.
3. She never returned.

And just who did the Prince (a popular, hot male role model for Chinese...

14

In [doubt] about how much and what [to say,] remain a bit shy of reach. [A] withholds some vital information, you are [more] than enough to be [sure] you can [e]nsure his [attention...] as long as she's [smart and] funny than [least]...

15

As an Unavailable woman, you must [always] remain a bit out of reach. This means [men] will come to us on the grounds before [ending] all about their full-throttle [fun] [In fact], someday getting all of my [passion] before you've even finished my [phil]...

UNAVAILABLE

NET WEIGHT 7.25 NET (206)

projekt 0.3 dragonfly

Der Verbrauchergeschmack entwickelt sich ständig weiter und wird immer ausgefallener, auch in kulinarischer Hinsicht. Fernreisen an exotische Orte konfrontieren die Menschen mit einer wachsenden Zahl von Produkten, die sie nach ihrer Rückkehr in Supermärkten und Spezialgeschäften kaufen möchten. Parallel zu dieser Geschmacksentwicklung spalten sich die Produktkategorien in eine wachsende Zahl genau definierter Marktnischen, bis es fast so scheint, als ob es für jede erdenkliche Geschmacksrichtung ein entsprechendes Produkt gäbe. Tee bildet da – mit einer Vielzahl spezieller Sorten, die den Markt für traditionellere Marken ergänzen – keine Ausnahme. Angesichts der unendlich scheinenden Vielfalt wird die Produktdifferenzierung zunehmend schwerer, was die Etablierung einer unverwechselbaren visuellen Identität umso wichtiger erscheinen lässt.

Wistbray Ltd. verfügte über jahrelange Erfahrungen im Teehandel und hatte den südafrikanischen Rooibos-Tee erfolgreich auf dem englischen Markt eingeführt. Aus diesem Erfolg zog das Unternehmen den Schluss, dass in England Nachfrage an seltenen, ungewöhnlichen und modernen Tees aus hochpreisigen Delikatessengeschäften, Naturkostläden und Reformhäusern bestand. Nach einer Periode weltweiter Forschung entwickelte Wistbray eine innovative Reihe biologisch-dynamischer Tees, die von internationalen Experten zusammengestellt und speziell auf die erwähnten Verkaufsorte zugeschnitten wurden. Die Wahl des Namens, des Markenprofils und der Verpackung würde bei der Markteinführung dieser exklusiven Produktreihe eine äußerst wichtige Rolle spielen. Mit diesem Auftrag wurde die internationale Designfirma Pentagram betraut.

In puncto Materialien und Dimensionen – eine mit individuell verpackten Teebeuteln gefüllte Pappschachtel – hielten sich die Designer an die Verpackungsstandards von Spezialtees. Aber wie sollte das Produkt von der Unzahl anderer Tees differenziert werden? Pentagram konzentrierte sich auf die kommunikativen Verpackungsaspekte. Die Firma entwickelte ein einfaches Designkonzept mit einer auffälligen visuellen Identität, die die begrenzte Schaufläche wirkungsvoll erweitert und verstärkt. Wegen zollrechtlicher Gründe wurde für den englischen Markt die Markenbezeichnung Dragonfly (Libelle) und für den amerikanischen der Markenname Dragoncloud gewählt, die Gestaltung ist jedoch in beiden Ländern dieselbe.

Das visuelle Konzept basiert auf dem Produktgebrauch: Der Tee wird in einer Tasse serviert, die vor einem minimalistisch weißen Hintergrund, dessen Schlichtheit Exklusivität suggeriert, von oben zu sehen ist.

Die Differenzierung der unterschiedlichen Geschmacksrichtungen erfolgt durch Farbvarianten, einfach indem die Farbe des Tees in der abgebildeten Tasse verändert wird. Die Farbwahl richtete sich nach der jeweiligen Teesorte: z. B. Rot für Cape Rooibos, einen südafrikanischen Tee mit satter, roter Farbe; warmes Braun für den ebenfalls aus Südafrika stammenden Mountain Honeybush und Grün für chinesischen Grüntee. Dieselben Farben werden auch für andere Elemente wie beispielsweise den Namen des Tees, das Logo und die Informationen über das Produkt und sein Ursprungsland auf der Kartonrückseite verwendet. Das einheitliche Farbschema erstreckt sich zudem auf die Briefchen, in den die einzelnen Teebeutel stecken.

Frühe Modelle zeigen die Konzeptentwicklung und die Verlagerung der Tasse, bis sie sich schließlich um den Rand der Verpackung wickelt. Nur so konnte eine größere Teetasse abgebildet werden, als auf der Seitenfläche möglich gewesen wäre. Der Clou dahinter erschließt sich, wenn man die Packungen nebeneinander hält: Die beiden Bilderhälften verbinden sich zu einer vollständigen Teetasse. Durch diesen Trick wird die visuelle Präsenz des Produkts im Regal gesteigert und der Tee wirkungsvoll von anderen biologisch-dynamischen Tees differenziert.

Damit die Teetassenhälften zusammenpassen, müssen die Packungen auf eine bestimmte Weise angeordnet werden. Dazu braucht man etwas länger, was in großen Supermärkten mit schnellem Warenumschlag wahrscheinlich unmöglich ist. Aber da Dragonfly-Tees nur in speziellen Geschäften erhältlich sind, kann man davon ausgehen, dass die Packungen von ihrer besten Seite gezeigt werden.

Caspa

Honeybush tea

This is a delicious, soothing tea, harvested
by hand and cured naturally in the sun.
20 sachets 40g e

0.1 entwicklung der verpackung ↑ ↘

Frühe Modelle der Außenpackung befassen sich mit Farbwahl, Illustra-
tionsgröße und -platzierung sowie Schriftbild und -ausrichtung. Schon
in diesem Frühstadium zeigen sich Vorformen der endgültigen Packung
und deutliche Anzeichen der Farbcodierung (andere Optionen wurden
erwogen, z. B. die gegenüber abgebildeten monochromen Fotografien),
einer visuelle Sprache, die sich mit der subtilen Natur eines Spezialarti-
kels unter Umständen nicht verträgt.

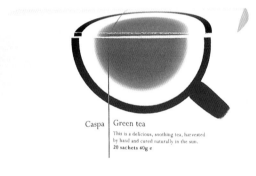

Caspa · Green tea
This is a delicious, soothing tea, harvested
by hand and cured naturally in the sun.
20 sachets 40g e

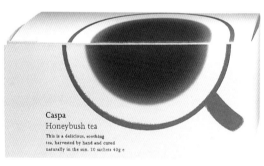

Caspa
Honeybush tea
This is a delicious, soothing
tea, harvested by hand and cured
naturally in the sun. 20 sachets 40g e

Caspa
Green tea
This is a delicious, soothing
tea, harvested by hand and cured
naturally in the sun. 20 sachets 40g e

Caspa
Green tea
This is a delicious, soothing
tea, harvested by hand and cured
naturally in the sun. 20 sachets 40g e

Caspa

Green tea

20 sachets 40g e

Green tea

This is a delicious, soothing tea. It was first harvested by the Dutch in the 18th century in the beautiful Cape of Good Hope coastal mountains. Renowned for its health properties, it is harvested by hand and then cured naturally in the sun. Lorem ipsum dolor sit amet, consectetuer adipiscing elit, sed.

This is a soothin It was first harvested by the Dutch century in again. beautiful Cape of Good Hope coastal mountains. Renowned for its health properties, it is harvested by hand and cured naturally in the sun. Lorem ipsum dolor sit amet, consectetuer adipiscing elit, sed.

This is a delicious, soothing tea. It was first harvested by the Dutch in the 18th century in the beautiful Cape of Good Hope coastal mountains. Renowned for its health properties, it is harvested by hand and cured naturally in the sun. Lorem ipsum dolor sit amet, consectetuer adipiscing elit, sed.

This is a delicious, soothing tea. It was first harvested by the Dutch in the 18th century in the beautiful Cape of Good Hope coastal mountains. Renowned for its health properties, it is harvested by hand and cured naturally in the sun. Lorem ipsum dolor sit amet, consectetuer adipiscing elit, sed.

000166 023221 >

Caspa
Honeybush tea

This is a delicious, soothing tea, harvested by hand and cured naturally in the sun. 20 sachets 40g e

Honeybush tea

This is a delicious, soothing tea. It was first harvested by the Dutch in the 18th century in the beautiful Cape of Good Hope coastal mountains. Renowned for its health properties, it is harvested by hand and then cured naturally in the sun. Lorem ipsum dolor sit amet, consectetuer adipiscing elit, sed.

This is a soothin It was first harvested by the Dutch century in again. beautiful Cape of Good Hope coastal mountains. Renowned for its health properties, it is harvested by hand and cured naturally in the sun. Lorem ipsum dolor sit amet, consectetuer adipiscing elit, sed.

This is a delicious, soothing tea. It was first harvested by the Dutch in the 18th century in the beautiful Cape of Good Hope coastal mountains. Renowned for its health properties, it is harvested by hand and cured naturally in the sun. Lorem ipsum dolor sit amet.

This is a delicious, soothing tea. It was first harvested by the Dutch in the 18th century in the beautiful Cape of Good Hope coastal mountains. Renowned for its health properties, it is harvested by hand and cured naturally in the sun.

000166 023221 >

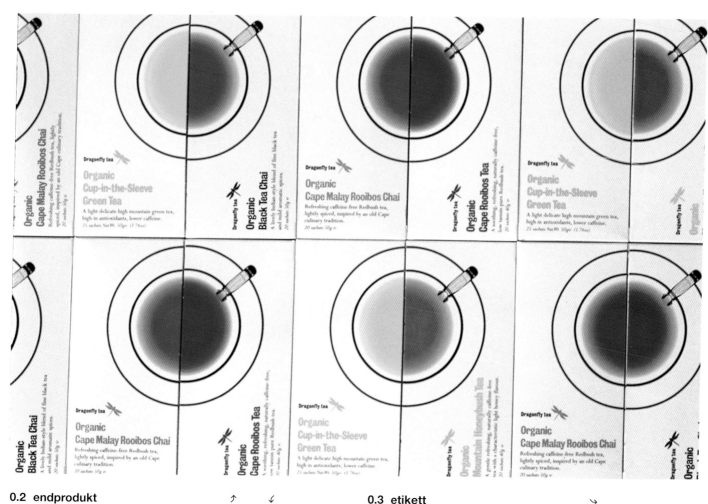

0.2 endprodukt ↑ ↙

Das Illustrationsschema im Einsatz: Verschiedene Packungen werden so gestapelt, dass sie ein Tablett voller Teetassen zeigen (oben). Selbst beim Stapeln unterschiedlicher Sorten wird das visuelle Schema aufrecht erhalten. Die visuellen Effekte sind am vielfältigsten, wenn das Bild der Teetasse an der Symmetrieachse unterbrochen wird (unten).

0.3 etikett ↘

Die Teebeutelbriefchen wiederholen die Thematik: Auf dem Papierumschlag erscheinen die Sorte, der Farbcode und die allgegenwärtige, von oben gesehene Teetasse. Das Teebeuteletikett zeigt einfach die Sortenfarbe mit Logo und Sortenbezeichnung invertiert in weiß und dem Markennamen in schwarz.

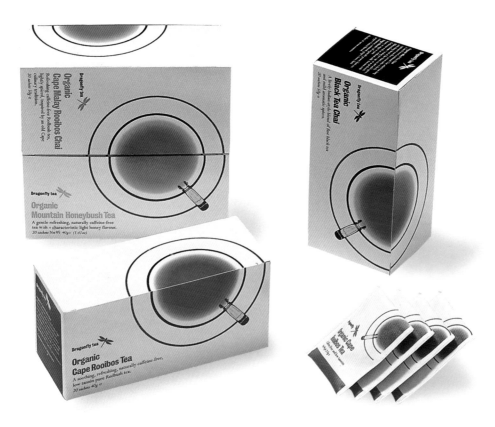

Dragonfly
Organic Cape
Rooibos Tea

Dragonfly

Organic Cape
Rooibos Tea

Caffeine free and low tannin

Net Weight 2.0g e

projekt 0.4 little orchestra

Dieses Buch befasst sich mit innovativen Verpackungsmethoden. In der Mehrzahl unserer Fallstudien bestehen die Enddesigns aus neuartigen Lösungen für etablierte Konzepte und Materialsysteme. Im wörtlichen Sinne der Erfindung oder Erschaffung von etwas ganz Neuem, das noch nie ausprobiert wurde, sind sie demnach nicht wirklich innovativ. Wir zeigen mehrere Beispiele innovativer CD-Verpackungen wie z.B. für Spiritualized unter Verwendung eines Reliefs (siehe Seiten 98–103). Dieses Konzept bricht in kreativer Hinsicht mit den Normen der CD-Verpackung, es funktioniert aber immer noch auf genau dieselbe Weise wie eine herkömmliche CD-Hülle.

Von der österreichischen Künstlerin Elisabeth Kopf kann man jedoch wirklich behaupten, sie habe eine innovative Verpackung kreiert. Die von ihr erdachte musizierende CD-Hülle betritt echtes Neuland und ist – wie Sie gleich sehen werden – beispiellos. Dass Frau Kopf ihren Auftrag überhaupt mit derart spektakulären Resultaten ausführen konnte, demonstriert die Vielfältigkeit der auf Kreativprozesse einwirkenden Faktoren. Disziplin und Entschlossenheit sind unabdingbar, aber wie diese Fallstudie beweist, braucht man für wirkliche Innovationen auch Weitblick, Ehrgeiz, Erfahrung, Glück und die Fähigkeit, alle jene zu ignorieren, die behaupten, etwas sei unmöglich.

Elisabeth Kopfs Idee ist schlicht einmalig: Handgefertigte CD-Hüllen spielen mit dem beim Öffnen und Schließen erzeugten Luftdruck Musikstücke, die zusammen eine voll orchestrierte Komposition ergeben. Stefan Sagmeister, der ebenfalls in diesem Buch vertreten ist (siehe Seiten 26–37), erklärt, warum dieses preisgekrönte Design so gelungen ist: „In einem Umfeld, in dem die Verwendung einer modischen Schriftart oder eines neuen Photoshop-Filters als Innovation gilt, gibt es immer seltener Designs, die mich wirklich begeistern." Die Verpackung erzeuge durch die Musik „einen Dialog zwischen Design und Inhalt, wie ich ihn in dieser Eleganz noch nie gesehen habe."

Frau Kopf erhielt den Auftrag, für eine in limitierter Auflage erscheinende CD zur Feier des 20. Jubiläums des Vienna Art Orchestra (VAO) eine ebenfalls limitierte Auflage spezieller Hüllen zu kreieren. Ihr Klient war eine Jazzband, deren Mitglieder vorwiegend Holzblasinstrumente spielten, also mit Atemluft Musik machen. Elisabeth Kopf beschloss, ebenfalls pneumatische Klänge zu erzeugen, aber da es für ihre Idee keine Vorbilder gab, musste sie sich bei der Bewältigung der zahlreichen Umsetzungsprobleme ausschließlich auf ihren Willen und Ehrgeiz verlassen. Da sie ihrer eigenen Aussage nach (damals) keine Designerin war, vertiefte sie sich zunächst in das Thema Verpackung und beschäftigte sich mit ihren grundlegenden Funktionen, wie sie auch in der Einleitung dieses Buches (siehe Seiten 6–11) angesprochen werden. Dann erst stellte sie sich die Frage, die sie schließlich von den traditionellen CD-Verpackungsmethoden abbringen sollte: Wie kann die Verpackung zeigen, dass sie Musik beinhaltet? Kopf wollte anstelle von Musikerfotos „ein kleines Musikstück zeigen. Ich verpacke keine Musiker."

0.1 skizzen (kugel) ↗

Elisabeth Kopf wollte von Beginn an über die üblichen Standards einer Musikverpackung hinausgehen. Sie skizzierte verschiedene Konzepte wie beispielsweise eine Kugel, die Musik als Welt oder Universum repräsentiert: „Der Ball steht nicht nur für den Planeten, sondern auch für Sphäre, Atmosphäre; perfektes Körpervolumen (Verpackung). Die in der Kugel hängenden CDs als metaphorische Scheiben des Musikuniversums."

0.2 skizzen (soundbox) ↙

Einer anderen Idee zufolge sollten die CDs in einem Behälter mit Schraubverschluss verpackt werden, dessen Deckel beim Drehen Töne produziert. Bei jeder Drehung der oberen Hälfte (beim Öffnen und Schließen) sollten biegsame Metallzungen über Noppen an der Innenseite laufen und dabei erklingen. Die Länge der Zungen bestimmt die Tonhöhe und die Position der Noppen die Intervalle. „Wie bei einer Spieluhr, einem Spielzeugklavier oder einer Drehorgel, die auf diese Weise Töne produzieren," erklärt Kopf.

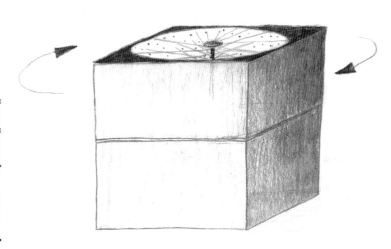

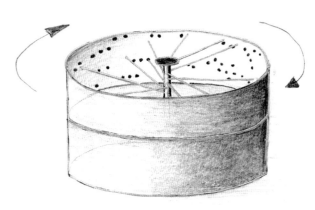

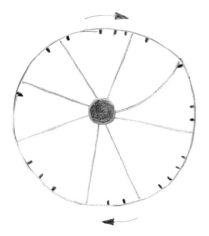

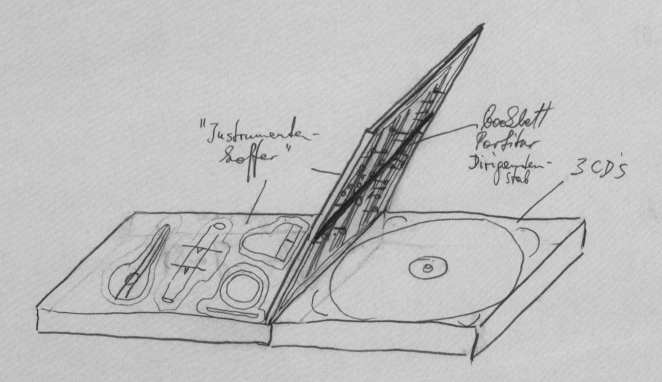

0.3 skizzen (instrumentenkoffer 1)   ↗

In einer weiteren Interpretation sah die Künstlerin vor, Teile alter Musikinstrumente oder winzige, handgefertigte Instrumente in einem samtge-
polsterten Behälter zu verpacken, wie in einem richtigen Instrumenten-
koffer. Sie dachte, man könne winzige Instrumente, beispielsweise eine
kleine Flöte mit zwei Löchern, eine kleine Trommel für einen Schlag, eine
Trompete mit einer Klappe, eine Violine mit zwei Saiten etc. anfertigen,
deren Zusammenspiel ein ganzes Orchester ergeben würden. Der Leiter
des VAO hätte dann eine Komposition für diese winzigen Instrumente
schreiben sollen, deren Notierung in der Broschüre abgedruckt würde.

0.4 skizzen (instrumentenkoffer 2)   ↗

Jeder CD-Hülle könnte ein Teil eines Instruments beigefügt werden, das
wirklich von einem VOA-Mitglied benutzt wurde, wie beispielsweise ein
Saxophon-Mundstück, eine Violinsaite, ein Stück eines Trommelschlä-
gels oder eines Dirigentenstabs.

0.5 ablehnung

Der Kunde war von Kopfs musikalischen Konzepten fasziniert, reagierte besonders positiv auf die Idee einer musizierenden Verpackung und bat sie, die Idee weiterzuentwickeln. Auch die Designerin hielt die Klangerzeugung für die beste Richtung, wollte jedoch das Orchester-Konzept nicht fallen lassen und entschied sich für eine Fusion. Nachdem sie ihre Richtung auf diese Weise festgelegt hatte, wurde ihr klar, dass sie erst die mechanischen Möglichkeiten der Klangerzeugung erforschen musste, bevor sie sich der Außengestaltung widmen konnte. „Das Ganze sah immer noch ziemlich hässlich aus und konnte als CD-Cover keinen Eindruck schinden," sagt sie, „aber es war noch zu früh für ästhetische Überlegungen."

Die elektronische Klangerzeugung wäre wahrscheinlich die erste Wahl vieler Designer, aber Kopf erschien das zu effekthascherisch. Sie wollte ein Objekt, das auf dieselbe Weise Klänge erzeugt wie ein Musikinstrument und nicht durch einfache Schaltkreise. So konzentrierte sie sich auf die Öffnungs- und Schließbewegung der CD-Hülle als Klangquelle. Dann eröffnete ihr das Schicksal neue Horizonte in Form einer Messe für antike Musikinstrumente, die in Wien stattfinden sollte. „Drei Tage lang wimmelte die Stadt von Instrumentenbauern aus ganz Europa, die ihre handgefertigten Instrumente nicht nur ausstellten, sondern auch konzertant aufführten. Das kam wie gerufen." Kopf besuchte die Messe und traf viele führende Instrumentenbauer, musste aber feststellen, dass diese ihre Berufsgeheimnisse nur widerwillig preisgaben. Noch schlimmer war, dass sie mit ihren Ideen auf Widerstand stieß. „Sie hielten mich für verrückt, nur weil ich an die Möglichkeit glaubte, eine Klänge erzeugende CD-Hülle herstellen zu können." Diese Mauer der Ablehnung konnte ihre Entschlossenheit und ihren Enthusiasmus für das Projekt jedoch nur verstärken. „Je skeptischer die Fachleute waren, desto stärker wurde mein Erfolgswille. Ich hatte ganz genaue Vorstellungen und hörte einfach nicht auf Menschen, die sie für unmöglich hielten, sondern nur auf diejenigen, die ihre Umsetzbarkeit bestätigten."

0.6

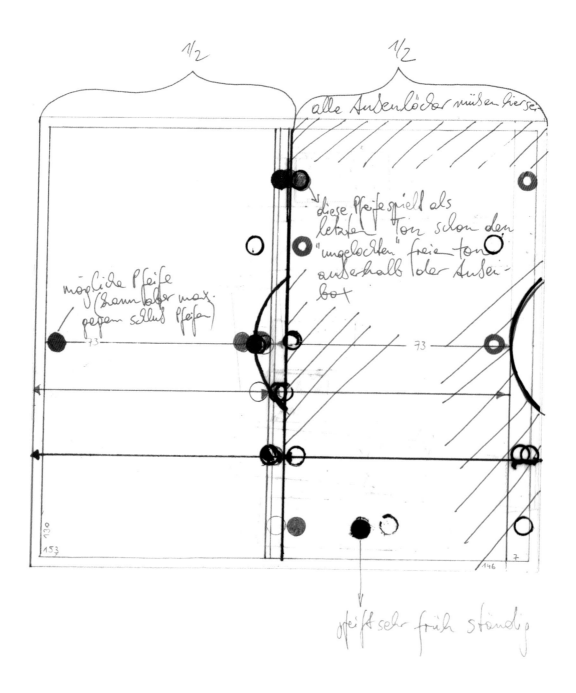

0.6 – 1.1 skizzen

In zahlreichen Skizzen entwickelte sie die Beziehung zwischen Verpackung und Klangerzeugung. In den Skizzen 0.6–1.1 sind die Languettes (Zungen) zu sehen, die im Enddesign verwendet werden. Der wissenschaftliche Charakter dieser Arbeitsskizzen unterstreicht die Komplexität der Aufgabe.

0.7

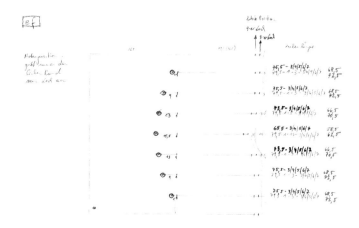

0.8

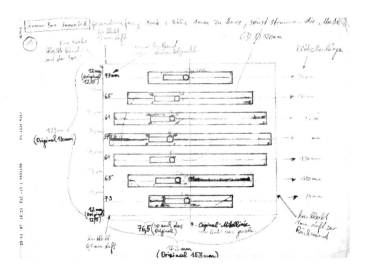

1.0

0.9

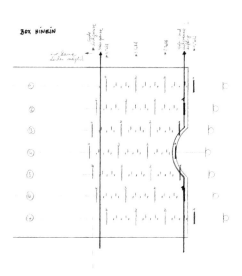

1.1

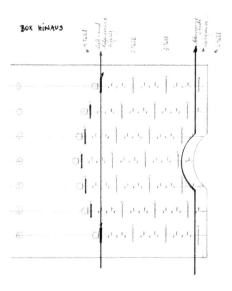

1.2 erstes modell ↑

Kopf wollte ihre CD-Hüllen nicht einfach beliebige Töne hervorbringen lassen, sondern eigens dafür komponierte Musik. Dadurch reduzierten sich die technische Möglichkeiten; das Mundstück einer Trompete z. B., dessen Ton durch Lippenspannung erzeugt wird, kam nicht mehr in Frage. „Ich brauchte etwas, das einen konstanten Ton hervorbringt," erinnert sie sich. Am Ende des ersten Messetages konnte sie bereits die verschiedenen Techniken der pneumatischen Klangerzeugung auseinander halten und hatte auch schon eine passende Methode entdeckt, die sie dann am zweiten Tag näher untersuchte. „Da war dieser nette Mann aus dem Schwarzwald, ein Orgelbauer. Er hielt es zwar für unmöglich, die Hülle aus den Bestandteilen seiner großen Orgeln zu bauen, beantwortete aber wenigstens meine Fragen sehr genau." Ein Freund von ihr, ein Orgelbauer in der Steiermark, erklärte ihr das Innenleben einer Orgelpfeife, die mit Luftströmen Laute erzeugt. „Er schickte mir ein großes Paket, aber ich war etwas entsetzt, als ich es öffnete: Die Orgelteile, die er mir geschickt hatte, waren definitiv zu groß für eine CD-Hülle. Ich musste also einen kleinen Bruder der Orgel finden." So machte sie sich schnell der Spielzeug-Harmonika ihres Sohnes habhaft. „Ich sagte ihm natürlich nicht, dass ich sie zerstören würde, war aber ausschließlich daran interessiert, ihr Innenleben zu erforschen. Ich zerbrach den Plastikkörper, während er schlief, und da waren sie: die kleinen Geschwister der Klang erzeugenden Orgelbestandteile. Am nächsten Tag kaufte ich zwei richtige Harmonikas, eine für meinen Sohn und eine für meine Forschungen."

Kopf nahm die Harmonika auseinander und schälte die benötigten Teile heraus: die kleinen Klappen zur Kontrolle der Rohrblätter (Languetten), die es in jeder Tonhöhe gibt und die im Luftstrom klingen. Jetzt musste sie nur noch Methoden finden, die Intervalle der Luftbewegungen zu kontrollieren und die Zungen zum Klingen bzw. Verstummen zu bringen. Sie konnte sich an eine Maschine ihres Vaters erinnern, die mit Lochkarten lief. Nachdem ihr dieses Prinzip einleuchtete, konstruierte sie ein Modell, um die Funktionstüchtigkeit des Mechanismus zu testen. „Ich hatte immer noch diese fixe Idee eines Würfels, entwarf also ursprünglich eine Musikschachtel in Würfelform. Sie war sehr hässlich, fast monströs, konnte aber Laute erzeugen." Obwohl dieses Modell noch über keine Kontrollmethoden für den Luftstrom verfügte, konnte Kopf daran die Grundmechanik ihres Konzepts erproben.

1.3 entwicklung ↓

Kopf hatte versehentlich eine der Zungen verkehrt herum montiert, die infolgedessen beim Öffnen der Schachtel stumm blieb. Das war ein kleiner Rückschlag, aber „die Überraschung war groß: Stattdessen ertönte sie beim Schließen. Ich hatte zufällig herausgefunden, wie ich die Melodie der Schachtel zu einer Musikschleife verbinden konnte." Aus dieser Entdeckung entwickelte sie ein Lochsystem zum Ein- und Auslassen der Luftströme. Wenn die Luft durch die Löcher ein- oder ausströmt, läuft sie über Messingzungen, die zum Schwingen gebracht werden und dabei Töne erzeugen. Die Positionierung der Löcher kontrolliert den Takt der Schwingungen (Rhythmus und Melodie) und die Größe der jeweiligen Messingzunge die Tonhöhe und Klangeigenschaften. Die Resultate der Klangtests des ersten Modells mit unterschiedlichen Lochgrößen und -positionen sind unten zusammen mit Kopfs Analyse der maximal möglichen Klänge und Tonhöhen abgebildet. Aus diesen Ergebnissen konnte sie die maximale Bandbreite der Lochpositionen ableiten. Nachdem die Positionen der Löcher feststanden, befasste sie sich mit der Tonlänge anhand einer grafischen Repräsentation durch Taktstriche, die zur Markierung der Lochposition beim Spielen der Schachtel durch Drücken und Ziehen dienen. Eine Zeiteinheit beim Ziehen entspricht einem Takt von 16/16 und produziert einen Ton, der 16-mal erklingt, „wie ein kleines Maschinengewehr" erklärt Kopf.

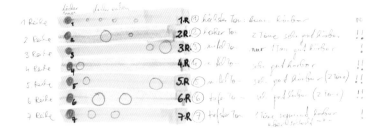

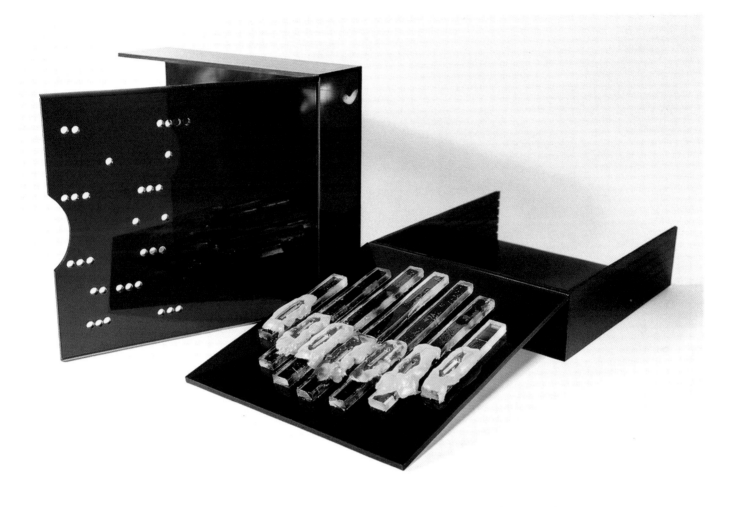

1.4 zweites modell

↘   ↗

Erst als sie ziemlich genau wusste, wie die Löcher positioniert werden mussten, wandte sich Kopf der Form zu, um ihr die Dimensionen und das Aussehen einer CD-Hülle zu geben. „Ich hatte vorher nie als Designer gearbeitet, war aber mittlerweile so von die Vorstellung einer musizierenden CD-Hülle besessen und so aufgeregt, weil ich es schon so weit gebracht hatte, dass mein Entschluss feststand: Das Resultat sollte nicht nur als CD-Verpackung funktionieren, sondern auch wie eine CD-Hülle aussehen." Das zweite Modell war ein großer Schritt in Richtung des Endprodukts; es enthielt verbesserte mechanische Komponenten und schon einige visuelle Designelemente. Kopf wollte eine transparente Schatulle herstellen, damit die CDs in ihrem Inneren sichtbar wären.

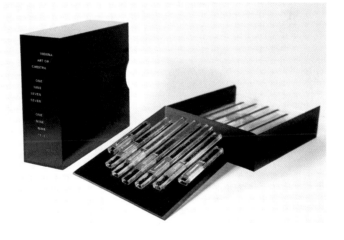

Das Modell wurde mit Klebeband versiegelt, damit es wieder auseinander genommen werden konnte, um verschiedene Zungen in der Innenschachtel auszuprobieren und mit verschiedenen Deckeln und unterschiedlichen Lochmustern an der äußeren Schachtel zu experimentieren. Sie verwendete Plastilin (die gelbe Substanz auf den Bildern), um die Zungen zeitweilig an der Schachtel befestigen und das Musikprogramm akkurat testen zu können. In ihrer endgültigen Version sind die Verpackungen hingegen luftdicht, haben individuelle Lochmuster und fest montierte Zungen.

	DECKEL	BODEN	OBEN	UNTEN
9/30	2,8 2,8 (V) 2,8 2,8	3,4 3,4 (V) 3,4 3,4	70 90 3,25 (V) 3,25 70 -0,5 82	08 80 75 St U 08 80 80 08
10/30	2,8 2,8 (U) 2,8 2,8	3,35 3,3 (U) 3,35 3,25	70 70 70 70 70	70 70 U 70 67
11/30	2,9 2,9 (T) 2,9 2,9	3,1 3,1 (T) 3,1 3,05	65 85 (N) U 60 85	90 85 O (O) 89 85
12/30	2,9 2,8 (S) 2,85 2,85	3,2 3,0 ohne Folie (S) 3,15 3,0	70 65 59 O (n)(Z2) 70 70	70 09 60 (Z,7) 70 09 60	|=|
13/30	3,0 3,0 (R) 3,05 3,05	3,0 3,0 (R) 3,1 3,0	96 89 O (U) 96 89	2,85 2,90 3,3 (m) 3,3 U 2,80 -0,5 2,80	|=|
14/30	2,9 (Q) 2,95 3,08 2,95 2,95	3,0 3,14 Boden (Q) 3,03 3,06 3,03 3,09	70 80 ... 0 77 86	70 76 U (L) · 71 83
15/30	2,95 2,9 (P) 2,95 Deckel 2,95	3,0 3,0 3,1 (3,05) (P) Boden 3,0 3,05	60 74 (M)· R 70 80	84 75 L (E) 85 73
16/30	3,0 3,0 3,0 3,0 (O) 3,05 3,0 Deckel 3,0 3,1	3,0 2,9 3,0 3,14 Boden (O) 3,0 3,0 3,0 3,04	94 91 O (Y) 90 92	90 92 (Z) U |=| 85 92

	DECKEL	BODEN	OBEN	UNTEN
17/30				
18/30				
19/30				
20/30				
21/30				
22/30				
23/30				
24/30				

1.5 katastrophe

„Das Modell war perfekt," erzählt Kopf, „es gab überhaupt keine Probleme damit. Es konnte jede Melodie spielen, die ich wollte, und die Handhabung beim Öffnen und Schließen lief sehr glatt." Da sie den Erfolg in nächster Nähe wähnte, bestellte sie den Zuschnitt des Plexiglases für alle 30 Schachteln nach den Maßen des zweiten Modells. „Beim Gießen [des Plexiglases] verfestigten sich die großen Scheiben nicht zu glatten Oberflächen, sondern sie wellten sich," so Kopf weiter. Es war eine Katastrophe, da die Einzelteile so nicht zusammenpassten. „Die Innenschachteln passten nicht in die Außenschachteln, weil sie zu dick waren, oder die Innenschachteln hatten zu viel Spielraum und der Luftstrom konnte nicht mehr kontrolliert werden." Die Lösung dieses Problems erwies sich als äußerst zeitintensiv. Kopf musste alle Seitenteile (vier für jede Schachtel gleich 120 Seitenteile insgesamt) und ihre vier Ecken (480 Ecken insgesamt) für jede einzelne Schachtel ausmessen, um Teile zu finden, die zusammenpassten. Dennoch kam sie nicht darum herum, die meisten Stücke durch Schleifen anzupassen, obwohl sie wegen des geringen Budgets keinen Fachmann damit beauftragen konnte. „Ich weiß immer noch nicht, wie ich das beschreiben soll," sagt sie, „und kann mich nur erinnern, dass ich viele Wochen lang wie eine Verrückte gearbeitet habe. Letztendlich (nach unglaublichem Druck und drei Monaten Ausmessen/Berechnen/Schleifen) hatte ich es geschafft, dass alle Schachteln genau passten."

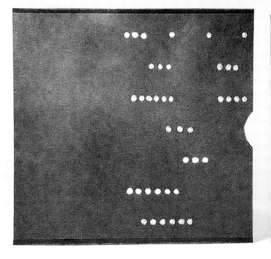
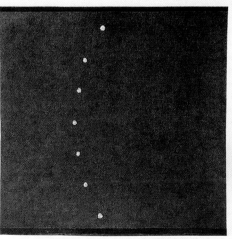

1.6 dummys   ↗   ↖

Es wurden mehrere Farbschemata und grafische Entwürfe entwickelt, aus deren Fusion schließlich die Grundlage des endgültigen Verpackungsdesigns entstand.

1.7 cd-produktion   ↙

Der visuelle Bogen, der für die Aneinanderreihung der Löcher auf den CD-Hüllen verwendet wurde, wiederholt sich im Design der CD-Gestaltung, so dass die Liste der Musikstücke eine Kurve beschreibt. Sowohl die Hüllen als auch die Labels illustrieren das Design und den Mechanismus der musizierenden CD-Hülle.

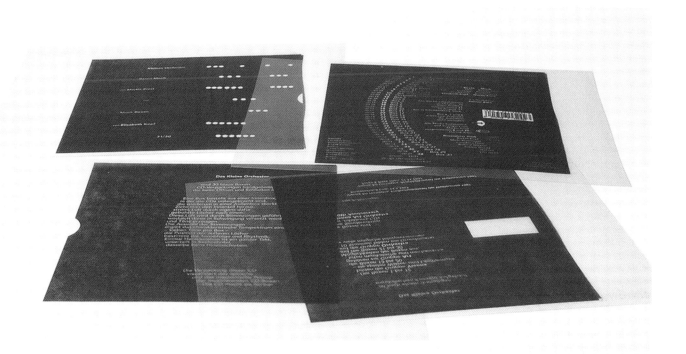

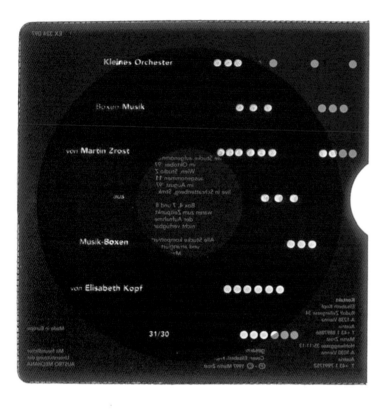

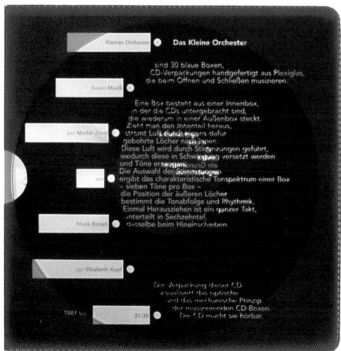

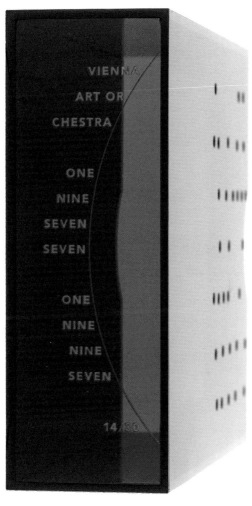

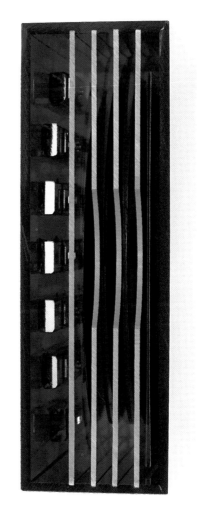

elisabeth kopf

little orchestra

This End Up: Kreatives Verpackungsdesign

projekt 0.5　levi's®

Red Tab? Diese beiden Worte würden bei vielen Teenagern wahrscheinlich die Entgegnung „Levi's®?" hervorrufen. Levi's® 501 ist seit Jahrzehnten die wichtigste Jeans-Marke, eine Nachkriegs-Ikone, die von jeder nachfolgenden Generation neu entdeckt wird. 501-Jeans gehören fast zur Familie und sind ein stilvolles, dauerhaftes Muss im Kleiderschrank anspruchsvoller Jugendlicher. In der unbeständigen Modewelt haben sie sich durch ihre inhärenten Eigenschaften und eine Flut evokativer, sexuell aufgeladener und stilsicherer Werbespots mit einem Killer-Soundtrack, der fast unweigerlich zum Hit wird, als Dauerbrenner erwiesen.

Die 501-Hose kann anhand eines diskreten roten Labels identifiziert werden, das aus der Naht der Gesäßtasche ragt. Dieses kleine rote Stofflabel – subtil, distinktiv und auf Anhieb erkennbar, doch kaum größer als ein Fingernagel – spielte beim Erfolg der Hose, der Marke und des Unternehmens eine Schlüsselrolle. Es bildet den Grundstein, auf dem die Marke aufgebaut wurde, und ermöglichte dem Unternehmen, aus einem schnöden Massenartikel ein unverzichtbares Kleidungsstück zu machen. Es vermittelt die Eigenschaften der Marke – Stil, Haltbarkeit, Zuverlässigkeit und Sexappeal – auf einen Blick und ist die Art von Gütezeichen, von der die meisten Vermarkter nur träumen können. Die 501 hat einen Blue-Jeans-Markt mit Mehrwert geschaffen und anderen Unternehmen, Diesel beispielsweise, den Weg geebnet.

Allerdings befasst sich dieses Buch weder mit Marketing noch Markenentwicklung, sondern mit Verpackungen. In einer Welt, in der die meisten Kleidungsstücke von der Stange gekauft werden, ist verpackte Kleidung eine Seltenheit geworden. Ein Hemd steckt manchmal in einer Schachtel, wenn es von einem exklusiven Designer stammt; auch Unterwäsche kann diese Behandlung erfahren, aber größtenteils werden Kleidungsstücke auf großen Kleiderstangen oder fein säuberlich zusammengefaltet in Regalen ausgestellt, damit der potenzielle Käufer sie anfassen, ihren Stoff fühlen und sie vor einem Spiegel an den eigenen Körper halten kann: Bei Kleidungsstücken sind Primärverpackungen also eher selten.

Die Produktpackung bietet dem Hersteller normalerweise eine Fläche, auf der er am Verkaufsort sein Markenzeichen wirken lässt. Unverpackte Kleidung kann nicht auf diese Weise vom Markennamen profitieren. Ein unverpacktes Produkt in den Genuss des Markenzeichens zu bringen ist also eine große Herausforderung, die von der englischen Firma Farrow Design mit einem im Grunde nebensächlichen, leicht zu übersehenden Verpackungselement bewältigt wurde: dem Label.

Für den Levi's®-Auftrag stellte sich Farrow Design die Frage, warum bestimmte Kleidungsstücke eigentlich nicht verpackt werden sollten? In der taktilen Welt des Bekleidungskaufs bilden Tüten mit Zippverschluss oder Pappkartons eine Barriere zwischen Verbraucher und Kleidungsstück, die auf den ersten Blick fehl am Platz scheint. Grundbestandteile der Garderobe – z. B. einfache schwarze oder weiße T-Shirts – sind als Produkte so geläufig, dass man beim Kauf nur auf ihre richtige Größe achtet, und werden durch Primärverpackungen zum Haushaltsartikel. Der Käufer wird dazu animiert, sie einfach zur Kasse zu tragen und sich auf dem Weg dorthin dem ernsteren Problem zu stellen, Jacken und Hosen anzuprobieren. Levi's® hat sich jedoch zu einer so bekannten und Vertrauen erweckenden Marke entwickelt, dass wir einen grundlegenden Glaubenssatz der Bekleidungsbranche guten Gewissens in sein Gegenteil verkehren können.

Die folgende Fallstudie zeigt, wie Farrow Design das rote Label und andere Kernelemente der Marke Levi's® benutzte, um eine Verpackung und ein Präsentationssystem für eine ganze Reihe von Levi's®-Kleidungsstücken zu kreieren, die deren Exklusivität und Qualität unterstreicht.

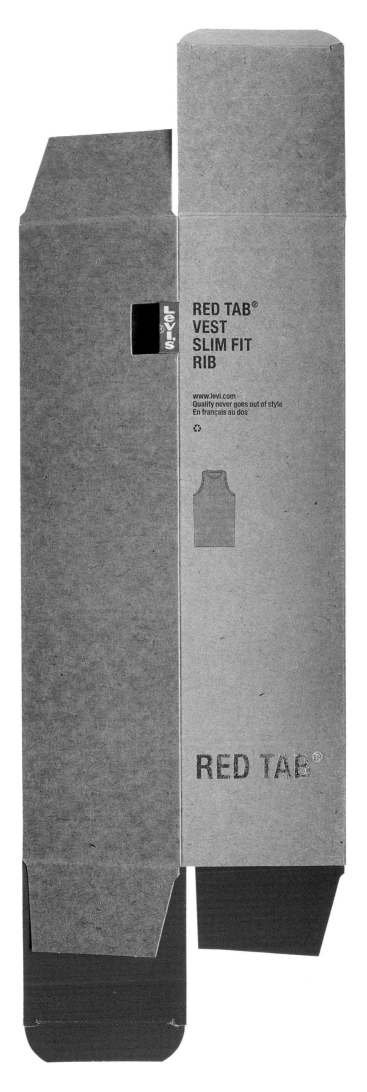

RED TAB®
VEST
SLIM FIT
RIB

www.levi.com
Quality never goes out of style
En français au dos

RED TAB®

0.1 labelsystem   ↗

Levi's® beauftragte Farrow Design mit der Vereinheitlichung seines Labelsystems für den europäischen Markt. Das bestehende System hatte sich mit der Zeit entwickelt und war inkonsistent. Es beruhte auf unterschiedlichen Formen und Stilen für verschiedene Produkte und resultierte in unzähligen Labels und Materialvergeudung.

Farrow Design nahm sich die verschiedenen Labels vor, reduzierte sie auf ihre Kernaussagen und kam zu dem Schluss, das Unternehmen solle sich auf die Hauptmarke Red Tab konzentrieren und das „Bat-wing"-Motiv fallen lassen. Die Designer wollten das rote Label der 501-Hose in allen Produktlabels verwenden und so eine einheitliche Form erreichen.

Levi's® hatte vier Produktreihen mit jeweils eigener Identität, Ausstrahlung und Geschichte: Red Tab®, die Hauptproduktreihe; All Duty™, Arbeitskleidung; Sta-Prest®, etwas adretter, und eine neue Reihe namens Engineered Jeans, mit neuen Schnitten, Designs und Jeansstoffen.

Farrow Design schlug die Differenzierung der vier Produktreihen durch das Labelmaterial, den Designprozess und die Verarbeitung vor. Das rote Label wird beispielsweise immer in der unternehmenseigenen rot-weißen Aufmachung verwendet.

0.2 die einzelnen labels ↑

Red Tab® – Das Label besteht aus einem Karton, der dem Lederflicken hinten am Hosenbund ähnelt. Für den Markennamen wurden Bronze-folie-Druckbuchstaben verwendet, in Anlehnung an die Nieten der Jeans. Der übrige Text ist schwarz.

All Duty™ – Das hellblaue Material des Labels, das aus recyceltem Jeansstoff besteht, vermittelt das Gefühl von Arbeitskleidung. Der Mar-kenname erscheint in blaugrauer Folienprägung, der restliche Text wird doppelt Weiß gedruckt.

Sta-Prest® – Als Label dient texturiertes, glattes und leicht glänzendes Material mit dem Markennamen in Goldfolienprägung. Die anderen Informationen erscheinen ebenfalls in Gold.

Engineered Jeans – Auf einem modernen, reißfesten Werkstoff namens Tyvek erscheint der Markenname in Hochglanz-Blau, um sich von der matten Oberfläche des Untergrunds abzuheben. Andere Informationen werden mattblau gedruckt.

Die Labels werden mit einer durch eine Gürtelschlaufe geschlungenen Kordel an den Jeans befestigt und in die Gesäßtasche gesteckt. Die Produktinformationen und das kleine rote Label ragen dabei aus der Tasche hervor, was den zusätzlichen Vorteil hat, dass der Kunde beim Anprobieren sein Gesäß betrachten kann. „Das war das wirkliche Problem mit den vorherigen Labels," kommentiert Jon Jeffrey von Farrow Design.

RED TAB®
GIRLS-S
www.levi.com

0.3 t-shirt-labels   ↖

Die neue Idee für Red Tab® wurde mit einem kleinen roten Label, das an die eingenähten Etiketten angehängt wird, auf alle Labels ausgeweitet. Die Schriftzüge und -farben stimmen mit den Außenlabels überein.

Die Änderungen an den eingenähten Labels waren ursprünglich nur für Europa bestimmt, aber nachdem die Levi's®-Zentrale sie gesehen hatte, wurde ihre weltweite Einführung beschlossen.

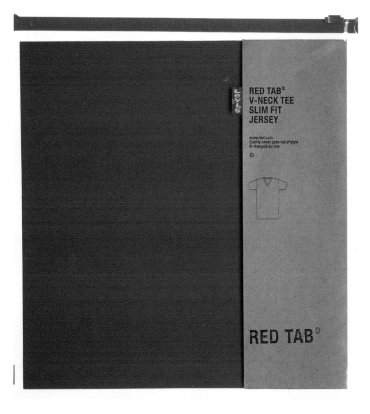

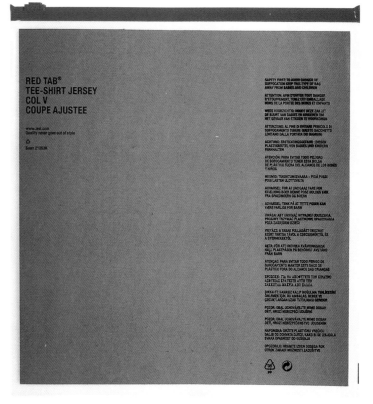

0.4 t-shirt-packungen   ↗

Einfache T-Shirts mit rundem oder V-Ausschnitt sind mittlerweile Massenartikel, die nicht mehr im Geschäft anprobiert werden müssen, da der Kunde ziemlich genau weiß, was er kauft. Das T-Shirt steckt in einer verschließbaren Tüte mit einem Karton, der sich um den Inhalt faltet, vorn aber etwas kürzer ist, um das Kleidungsstück und das allgegen-

wärtige rote Label sichtbar zu machen. Der Karton setzt das Design der Jeans-Label fort und verwendet dieselben Werkstoffe und Folienprägungen für den Markennamen.

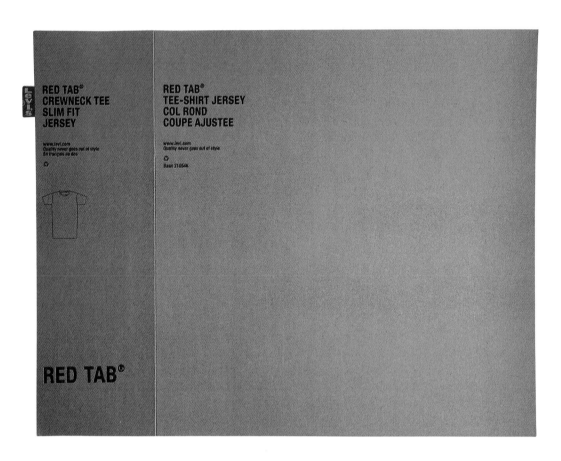

0.5 unterwäsche-packungen ↑ ↗

Zur Identifizierung der Unterwäsche wird eine Packung verwendet, die der T-Shirt-Tüte mit Zippverschluss ähnelt, nur dass diesmal eine Schachtel anstelle des Faltkartons zum Einsatz kommt. Die Schachtel besteht aus denselben Werkstoffen wie die Labels, der Markenname Red Tab® erscheint in bronzefarbener Folienprägung.

Das aufgedruckte kleine, rote Label wurde ausgestanzt, damit es bei der gefalteten Schachtel gut sichtbar hervorsteht. Der dazu nötige Ausschnitt im Werkstoff wurde vergrößert, damit der Kunde von außen die T-Shirt-Farbe erkennen kann. Unterwäsche- und T-Shirt-Packungen sind mit einer Strichzeichnung des jeweiligen Inhalts versehen.

3 STAGE T-SHIRT
SLEEVE: SHORT/CAP/VEST
NECK: ROUND/V NECK
HEM: STRAIGHT/CURVED

TEE-SHIRT MULTIFONCTION
MANCHES: COURTES/
SEMI MANCHES/DEBARDEUR
ENCOLURE: RAS DU COU/COL V
REVERS: DROIT/COURBE

UNISEX

UNISEXE

1 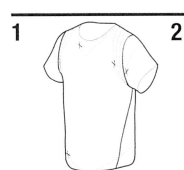 2 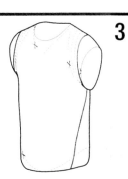 3 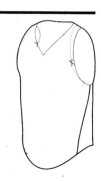 4

GIRLS

FILLE

1 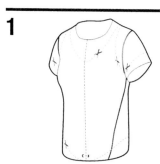 2 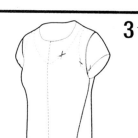 3  4

ENGINEERED
JEANS™

GIRLS 3 STAGE T-SHIRT
SLEEVE: SHORT/CAP/VEST
NECK: ROUND/V NECK
HEM: STRAIGHT/CURVED

www.levi.com
En français au dos

ENGINEERED
JEANS™

0.6 nach maß

Die T-Shirt-Packung der Engineered-Jeans-Reihe wurde anders angegangen. Das Kleidungsstück ist nur als unfertiges, langärmeliges T-Shirt
erhältlich. Der Kunde kann es auf verschiedene Weisen fertig stellen, die
auf der Packung stehen. Im Schachtelinnern befindet sich eine
Gebrauchsanweisung auf dünnem Papier, die alle Optionen erklärt.

Dieses Produkt ist abenteuerlicher und suggeriert Maßschneiderei,
obwohl der Kunde die Änderungen selbst ausführt. Die aus einem Vlies-
futterstoff – wie er bei Anzügen verwendet wird – gefertigte Verpackung
unterstreicht diesen Effekt. Sie hat eine Öffnung, durch die die Stoff-
farbe zu sehen ist, und auf der Rückseite eine Taschenschablone, die
ausgeschnitten und mit den Stoffresten verwendet werden kann. Die
Verpackung wird mit einem elastischen Band verschlossen.

Im Vergleich zu vielen T-Shirt-Packungen, die meist aus einer Plastiktüte bestehen, in der sich z.B. drei T-Shirts der Hausmarke eines Kauf-
hauses befinden, ist diese Packung ziemlich ungewöhnlich. Das Vlies-
material ist vergleichsweise leicht und empfindlich, vermittelt ein Gefühl
von Exklusivität und den Eindruck, das T-Shirt sei maßgeschneidert.

projekt 0.6 guldkorn 1999

In der Werbewelt ist Eigenwerbung keine Sünde, sondern eine wichtige Methode, Auftraggeber an die Fähigkeiten der Werbeagentur zu erinnern. Zur Demonstration ihrer Werbespots und -kampagnen produzieren viele Agenturen Zusammenschnitte oder Fotoserien, die mit der Zeit unweigerlich dem Vergessen anheim fallen und zu Staubfängern werden. Zur Feier der Jahrtausendwende wollte die dänische Werbeagentur Creative Circle ein Buch mit einer Auswahl von Arbeiten für den dänischen Markt veröffentlichen, dessen Design neue Wege beschreiten sollte. Creative Circle wollte das Buch und die Videokassette zusammen verpacken und nicht getrennt, wie es sonst üblich ist.

2GD, ein preisgekröntes dänisches Designbüro, ging bei seiner Lösung von dem Begriff „Register" aus, der eine unerlässliche Voraussetzung des Mehrfarbdrucks bezeichnet: Wenn unterschiedliche Farbtöne nicht deckungsgleich gedruckt werden, entsteht ein wirres Durcheinander. Das Konzept hat Parallelen in der Werbung, die nur wenig Wirkung zeigt, wenn sie sich nicht mit dem Auftrag, dem Produkt, der Dienstleistung, anderen Marketingaspekten oder der Zielgruppe deckt. Darüber hinaus ist das Buch selbst als Schaukasten der bisher produzierten Werbung ein Register kreativer Lösungen. Der Katalog hieß Guldkorn 1999 und zeigte Arbeiten einer Reihe führender Werbeagenturen und Produktionsfirmen in verschiedenen Medien, darunter Event-Promotion, Schlagzeilen- und Plakatwerbung, Fernseh- und Radiospots, Webseiten, Postversandwerbung, Produktdesign sowie interaktives Multimedia- und Kommunikationsdesign. In diesem Band exemplifiziert es neuartige Verpackungsmethoden kreativen Outputs.

2GD produzierte einen gebundenen Katalog im üblichen DIN-A4-Format im Vierfarbdruck. Eher ungewöhnlich ist allerdings der graue Schaumstoffblock auf dem Buchdeckel, in dessen Aussparung sich die Kassette mit den Videoclips befindet. Das Ganze steckt in einer transparenten Plastiktüte. Der Schaumstoff ist praktisch, aber nicht unproblematisch. Er passt das Video, das unverpackt zu einem unregelmäßigen Größenverhältnis geführt hätte, an das DIN-A4-Format des Buches an, ist sehr leicht und beschwert das Produkt nicht. Darüber hinaus kann seine Aussparung akkurat an die Kassettendimensionen angepasst werden und das Video durch seine Elastizität sicher halten. Die Videokassette auf dem Buchdeckel ist praktisch, da beide Objekte eine Einheit bilden, die Kassette jedoch leicht herausgenommen und abgespielt und/oder das Buch durchgeblättert werden kann. Trotz aller Funktionalität hat das Schaumstoffgehäuse den Nachteil, die Kommunikationsfähigkeit und Ästhetik der Gesamtpackung zu schmälern. Außer dem Aufdruck „Guldkorn 1999" trägt die Videokassette keine weiteren Hinweise, was ihr eine unverwechselbare visuelle Präsenz verleiht, da wir heutzutage an stark durchgestaltete Produkte gewöhnt sind und das Fehlen raffinierter oder ausgearbeiteter Lösungen unsere Aufmerksamkeit erregt. Trotzdem ist das Design wegen seiner bemerkenswerten Kontraste sehr mutig. Der auf der Vorder- und Rückseite des Buches eingeprägte Buchtitel ist die einzige andere Markierung.

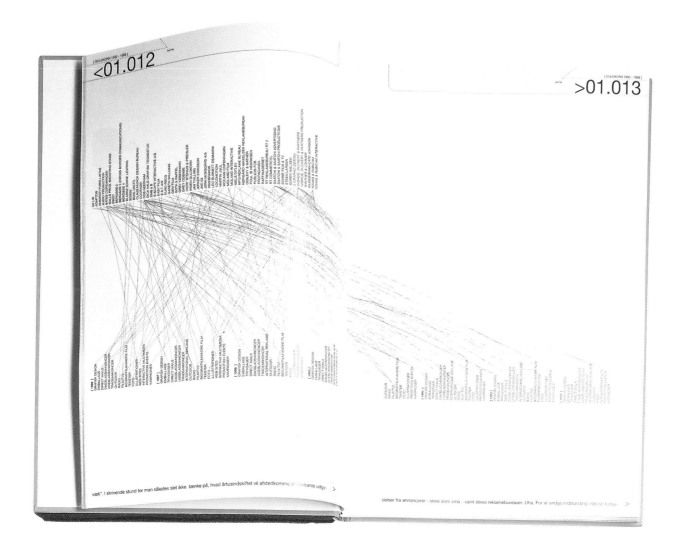

væk". I skrivende stund tor man således slet ikke tænke på, hvad årtusindskiftet vil afstedkomme af markante udgy- >

delser fra annoncører - store som små - samt deres reklamebureauer. Uha. For at undgå indblanding i denne turbu- >

0.1 packung ↖

Die Konstruktion ist fast kindisch einfach. Ein gestanzter Schaumstoff-block wurde buchstäblich auf den Deckel eines traditionell gebundenen Buches geklebt und enthält das Begleitvideo. Die willkürliche Appli-zierung der Kassette erinnert uns daran, dass Werbung – der Inhalt des Videos – kein statisches Medium ist und gesehen werden muss statt gelesen.

Erst wenn man das Video herausnimmt, sieht man den zurückhaltend in den Buchdeckel eingeprägten Buchtitel. Das lasergedruckte Videoeti-kett ist also unser Hauptidentifikationsmerkmal und unterstreicht somit die Bedeutung der Videokassette.

Obwohl man von der Endverpackung eine unbeholfene Wirkung erwar-ten würde, ist das Design treffend und funktional. Das Buch kann ganz normal geöffnet werden, ohne dass das Video herausfällt, da es von dem elastischen Schaumstoff gehalten wird. Am wichtigsten ist viel-leicht, dass Buch und Kassette für den zukünftigen Gebrauch zusammenbleiben.

0.2 register ↗

Das visuelle Vokabular des Informationsdesigns wurde zweckentfrem-det, um die Agenturen mit den Kategorien der Broschüre in Beziehung zu bringen.

Der reichhaltig bebilderte Katalog umfasst ein breites Spektrum an Arbeiten (siehe folgende Doppelseite), die auf übersichtliche und abwechslungsreiche Weise vorgestellt werden.

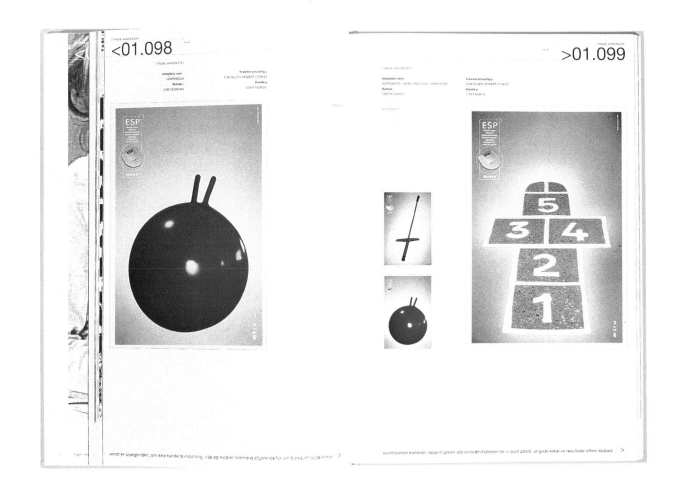

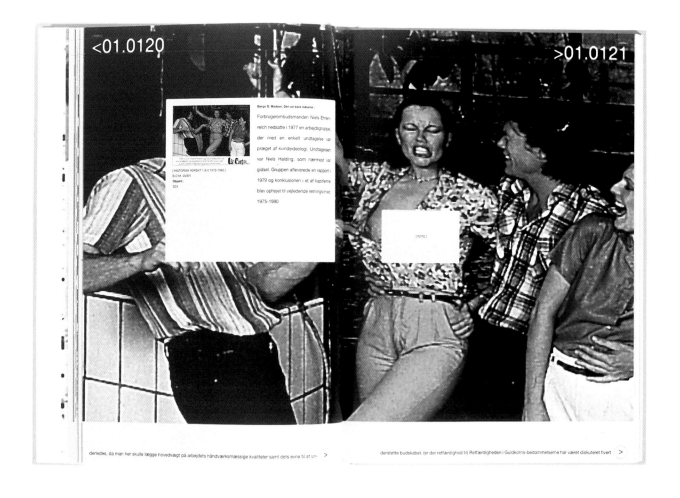

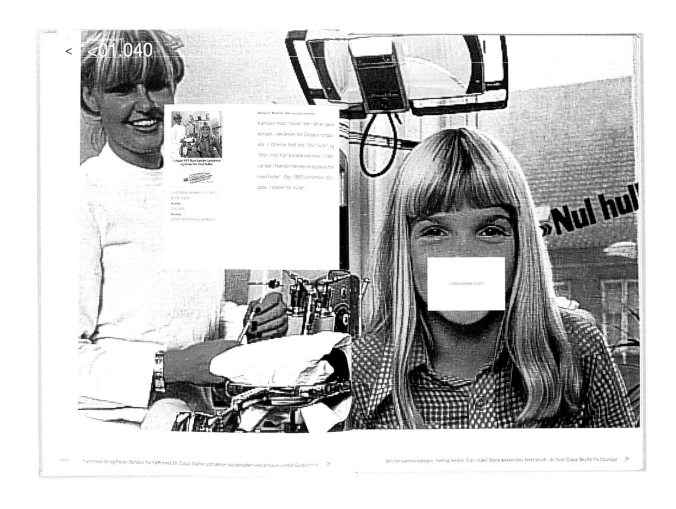

Børge O. Madsen. Det var både reklame

Kampen mod "huller" har i år et værd temaet i reklamen for Colgate tandpasta. I 70'erne hed det "Nul huller" og "Mor, mor, han borede slet ikke". I 1991 var det "Hærder tænderne og beskytter mod huller". Og i 1993 var temaet "Colgate. I stedet for huller".

[HISTORISK ASPEKT I 70/1970]
B.O.M. 1989
Kunde :
COLGATE
Bureau :
D'ARCY MACMANUS & MASIUS

»Nul hull

[UGEBLADSANNONCER]

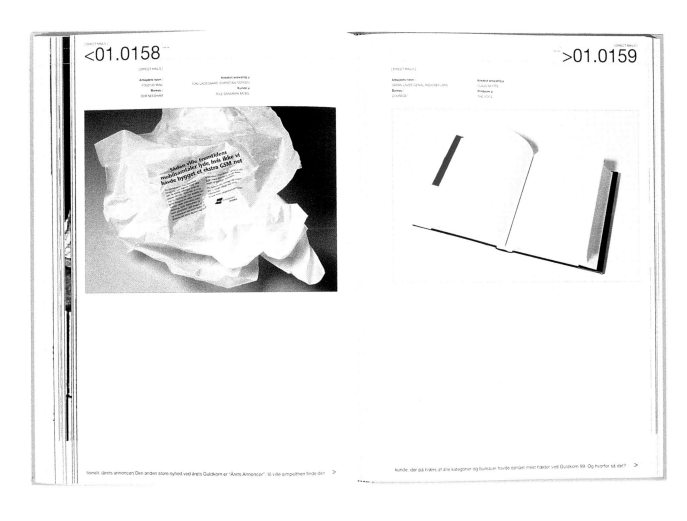

[DIRECT MAILS]

[DIRECT MAILS]
Arbejdets navn :
FOLD UD MAIL
Bureau :
DDB NEEDHAM
Kreativt ansvarlig :u
TON LADEGAARD, CHRISTIAN IVERSEN
Kunde :u
TELE DANMARK MOBIL

[DIRECT MAILS]
Arbejdets navn :
SÅDAN LAVES GENIAL RADIOREKLAMS
Bureau :
COURAGE
Kreativt ansvarlig :u
CLAUS SKYTTE
Producer :u
THE VOICE

Sådan ville fremtidens
mobilsamtaler lyde, hvis ikke vi
havde bygget et ekstra GSM net

projekt 0.7 aroma sutra

Bei Geschenkpackungen kann der Verpackungsdesigner seine künstlerische Ader ausleben, da alle Kernmerkmale betont werden. Geschenke sind meistens Impulskäufe, was bei der Verpackung und der von ihr zu vermittelnden Botschaft berücksichtigt werden sollte. Sie bieten dem Kunden gewöhnlich mehrere verwandte Produkte mit einem Kauf und somit größere Zweckmäßigkeit zu einem Sonderpreis. Geschenkpackungen sind eigentlich Sekundärverpackungen, die sämtliche Einzelelemente des Angebots schützen und zusammenhalten. Das führt oft zu einer raffinierten Konstruktion, die in diesem Fall auf die exotische Kunst des Origami verweist. Dieses Kapitel stellt eine Geschenkpackung verschiedener Duftprodukte vor, die von Époxy für den Kosmetikhersteller Fruits & Passion gestaltet wurde.

Rein funktionell betrachtet dienen Sekundärverpackungen meistens als Schutzhülle. Époxy sollte einen Behälter für fünf Kosmetikprodukte entwerfen: Räucherkegel, eine Duftkerze sowie drei Flaschen mit Massageöl, Schaumbad und einem Liebes-Parfum. Nur die Kerze und die Räucherkerzen hatten keine eigene Verpackung. Das Designbüro konzipierte eine komplexe, aber sehr funktionelle Verpackung, die nicht nur alle Einzelprodukte enthält, sondern dem Kunden auch die Möglichkeit gibt, sie zu Hause wie in einem Schaukasten aufzustellen. Des Rätsels Lösung war ein fünfeckiger Zylinder.

Die Konstruktion besteht aus fünf zusammenhängenden, dreieckigen Zylindern, die zusammengerollt eine fünfeckige Verpackung ergeben. In jedem Teilstück befindet sich eine ausgestanzte Nische für eines der fünf Produkte. Da die Nischendimensionen identisch sind, mussten verschiedene Halterungen für die unterschiedlich großen Produkte gefunden werden. Die Massageöl- und Schaumbadflaschen sind die größten Objekte und bestimmen die Nischendimensionen, die ihnen genau entsprechen. Die Kerze und die Parfümflasche haben jeweils einen Durchmesser von etwas über 1 cm und werden von kleinen Schlaufen gehalten, die aus den Nischenwänden ausgestanzt wurden. Die komplizierteste Papiermechanik kommt bei den „Regalen" der Räucherkegel zur Anwendung: Kleine Kartons wurden in Einschnitte in den Seitenwänden geschoben und festgeklebt. Das hört sich nach überflüssigem Detail und Aufwand an, aber die dekorative Wirkung der geöffneten Verpackung ist sehr beeindruckend. Außerdem ist jedes Produkt auf diese Weise sicher verankert.

In diesem Stadium würde sich die Verpackung einfach aufklappen: Sie braucht also eine Art Verschluss. Die einfache und clevere Lösung ist eine Banderole, eine Art Kartonschlaufe, die genau um die zusammengerollte Packung passt. Obwohl sie ein rein funktionelles Verpackungselement ist, wertet sie das Objekt auch visuell auf. Ihre Form erinnert an die Bögen indischer Pavillons und entspricht dem visuellen Profil der Verpackung. Die Kosmetikprodukte repräsentieren verschiedene spirituelle Elemente mit eigenen Namen und Symbolen: Mamaki, Locana, Pandara, Tara und Ishvari. Die Ornamentik ist in ruhigen Gelb- und Brauntönen gehalten, mit einer Umrisszeichnung einer indischen Gottheit, mystischen Symbolen und einem Schriftzug im Sanskrit-Stil.

Zu den zahlreichen Funktionen einer Verpackung gehört gemeinhin auch der Aromaschutz. Diese Verpackung versagt in dieser Hinsicht bei der Kerze und den Räucherkegel absichtlich, da der ihr entströmende Duft im Zusammenspiel mit der visuellen Aufmachung sehr verführerisch wirkt.

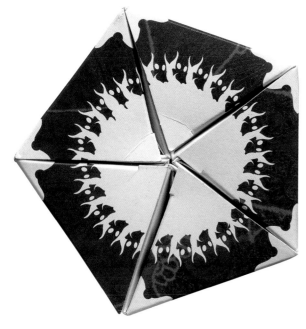

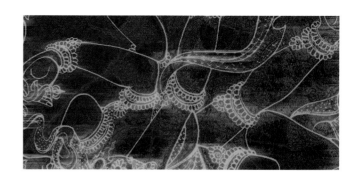

0.1 schachtel ↖

Ein „Blockdruck" wird als Photoshop-Datei erstellt und um die Außenseite des fünfeckigen Zylinders „gewickelt". Dann wird die bedruckte Bauchbinde darüber geschoben, damit die Packung geschlossen bleibt.

Das Öffnen im Stil von Pandoras Büchse ist besonders wirkungsvoll. Wegen der Platz sparenden fünfeckigen Form überrascht die Vielzahl der Produkte, was besonders im Kontext einer „Geschenk"verpackung von Bedeutung ist, weil es die „Entdeckung" der „Kostbarkeiten" in ihrem Innern spannender macht.

0.2 produkte ↑ ↓

Erst beim Öffnen entdeckt man die Produkte: aromatische Kegel, Badeschaum, eine parfümierte Kerze, ein Liebes-Parfum und Massageöl. Sie werden mit fünf „Geistern" assoziiert, die wiederum mit den fünf Sinnen in Verbindung stehen: „Mamaki", Geist der Erde, für die Räucherkegel; „Locana", Geist des Wassers, für das Badegel; „Pandara", Geist des Feuers, für die Kerze; „Tara", Geist der Luft, für das Parfüm und „Ishvari", Geist des Raums, für das Massageöl.

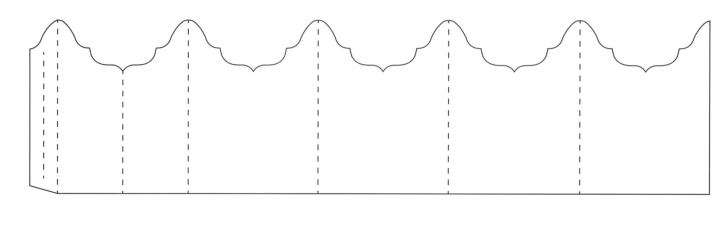

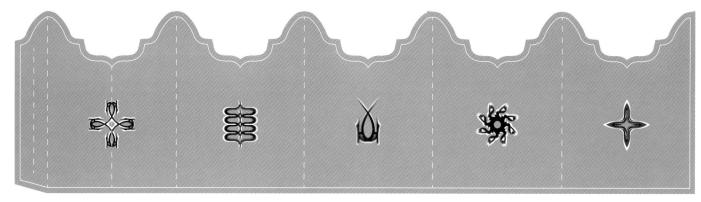

0.3 banderole

↑   ↓

Die bedruckte Bauchbinde, die die Schachtel zusammenhält.

0.4 entwicklung

↘

Die Entwicklungsskizzen der fünf „Geister"-Logos lehnen sich an traditionelle fernöstliche Illustrationsstile an. Die resultierenden Icons sind sehr gelungen, weil sie traditionelle Elemente auf originelle, zeitgenössische Weise interpretieren.

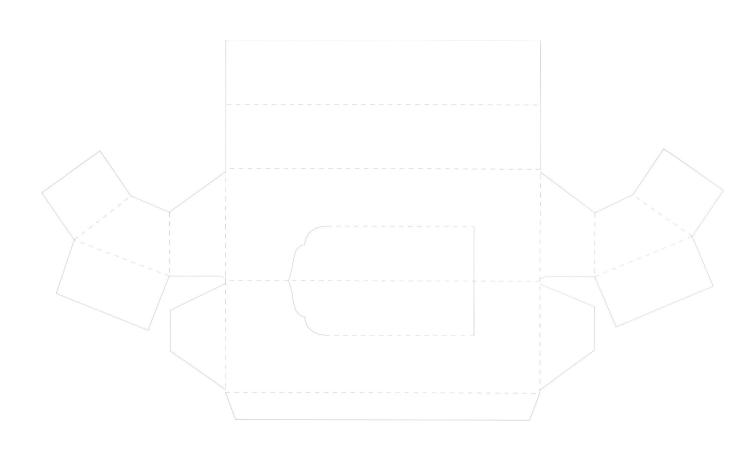

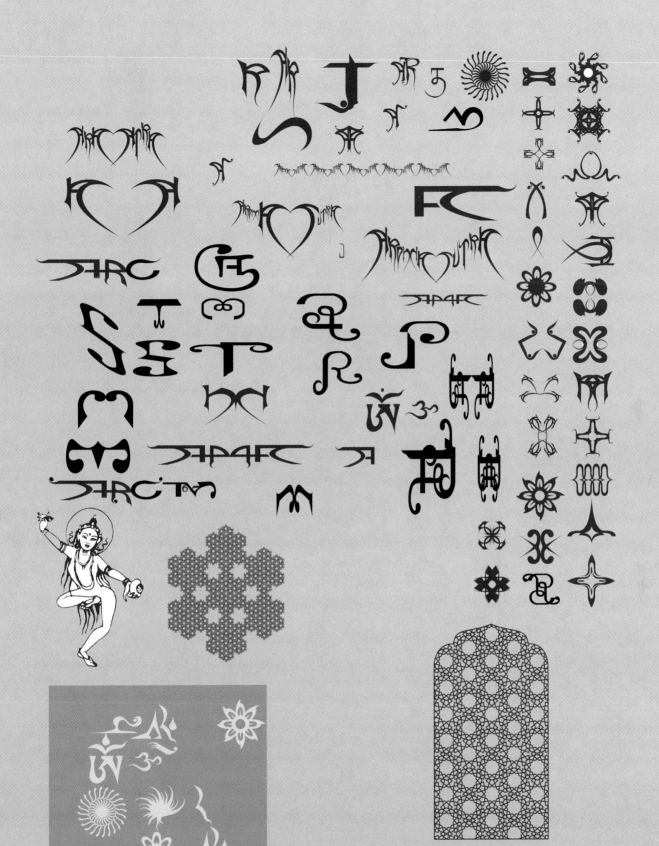

final signature

projekt 0.8 ren

Kosmetikprodukte sind dazu gedacht, unser Aussehen zu verbessern oder der Gesundheit unserer Haut, Nägel, Haare, Augen etc. zuträglich zu sein. Sie gehören mittlerweile zu den am stärksten vermarkteten und beworbenen Produkten und verfolgen Markenstrategien, die direkte Verbindungen zum Selbstbild und den Sehnsüchten des Verbrauchers herzustellen versuchen. Der Werbeaufwand kann immens sein, mit Laufstegmodels, die aus den Wunschträumen der Konsumenten Kapital schlagen und suggerieren, dass die Anwendung eines bestimmten Produkts Stil und Eleganz verleiht. Diese Versprechen bleiben allzu oft unerfüllt. Kosmetik wird häufig im französischen Look präsentiert oder mit niedlichen Blümchenmustern wie bei Crabtree & Evelyn. Eine andere Methode ist die „Weniger-ist-mehr-Philosophie" gezielt utilitaristischer Markenzeichen und Verpackungen, z.B. bei Muji, CK One oder Kiehls.

REN ist ein Newcomer in der Welt der Kosmetik. Das Unternehmen wurde 1998 von Antony Buck und Robert Calcraft, zwei ehemaligen Budgetplanern der Londoner Werbeagentur BMP, gegründet. Sie gaben ihre Jobs auf und eröffneten eine Beratungsfirma zur Analyse und Unterstützung der Markteinführung und Betreuung von Markenprodukten. Doch schon bald stellte sich die Frage: „Wenn wir so gut über Markenartikel Bescheid wissen, warum bringen wir dann keine heraus?" Die beiden beschlossen die Markteinführung einer Kosmetikreihe mit der Markenbezeichnung REN, dem schwedischen Wort für „sauber", und vertrieben sie im unternehmenseigenen Geschäft in der Londoner Finanzmeile Liverpool Street, im Einzelhandel, über Lizenzhändler im ganzen Land sowie als Hotel-Konfektionierungen.

Für das Verpackungsdesign holten sie Vorschläge von vier Designbüros ein, die sie von früher kannten, sowie von einem schwedischen Designer, der mit einem ihrer Freunde zusammenarbeitete. Heraus kamen die üblichen Konzepte – Blumen- oder Kräuterarrangements und andere niedliche Designs, ganz anders jedoch der Entwurf des Schweden. Er präsentierte ein eigenes Schriftdesign, das Buck und Calcraft als moderne, massenkompatible Lösung beeindruckte.

Mit dieser Schrift wurde eine Verpackung gestaltet, die typisch skandinavische Schlichtheit ausstrahlt. Obwohl das Produkt primär auf Frauen zugeschnitten ist, wurde der Männermarkt nicht ignoriert. Die Schöpfung einer grafisch reduzierten, zweckorientierten Packung war wichtig, um Männern den Zugriff auf die Produkte zu erleichtern. Marktforschungen hatten ergeben, dass Männer zwar selten Kosmetikprodukte kaufen, aber gerne die ihrer Partnerinnen benutzen. Aus diesem Grund wurde eine geschlechtsneutrale Produktgestaltung angestrebt.

Anhand einer Palette von Pastellfarben, die den skandinavischen Look fortsetzen, wurde ein einfaches Farbcode-System entwickelt. Vier verschiedene Töne repräsentieren vier Hauttypen für je ein Feuchtigkeit spendendes Produkt und ein Produkt zur Hautreinigung, also insgesamt acht Produkte. Die übrigen 38 Produkte der Reihe wurden ihren Hauptinhaltsstoffen entsprechend codiert: Auf Lavendel basierende Produkte tragen z.B. eine blasslila Farbe. Somit wird der Farbbalken auf dem Label vorwiegend als übergreifendes Identitätsmerkmal benutzt und dient weniger der spezifischen Kennzeichnung. Das Farbschema erstreckt sich auch auf andere Markenelemente wie beispielsweise die Tragetüten der Hauptniederlassung.

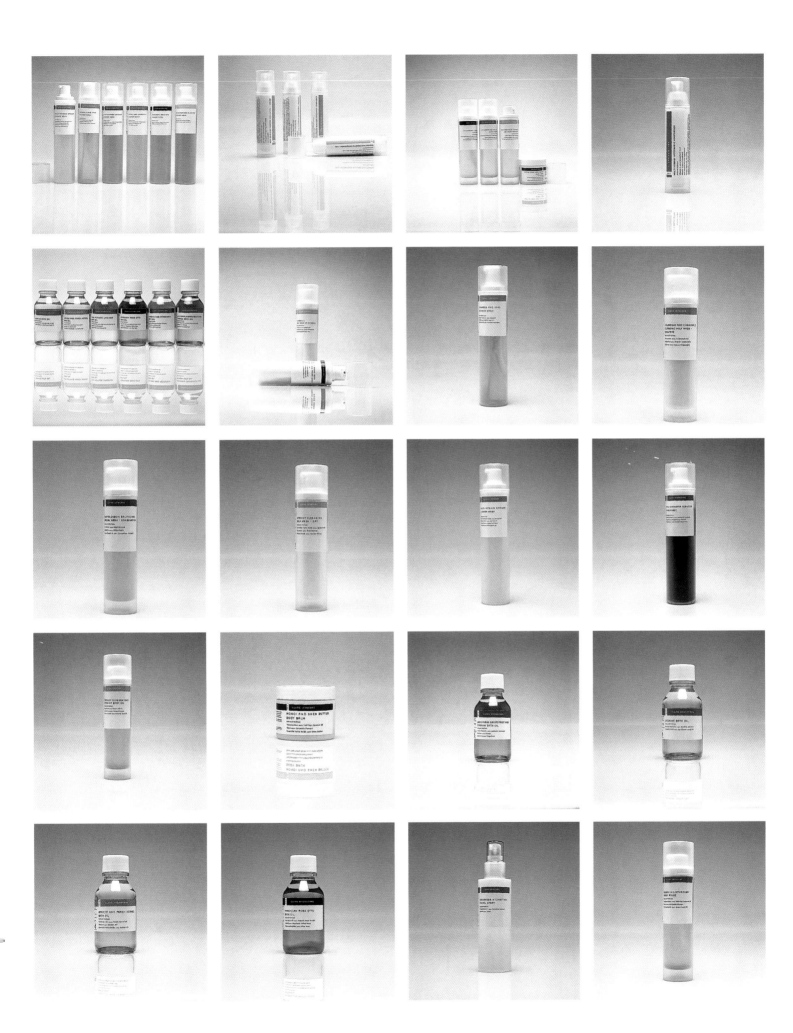

0.1 frühe prototypen ↗

Im ursprünglichen Labeldesign wurde der Markenname mit einer schwarzen Umrisslinie abgesetzt. Aufgrund eines Fehlers war die Linie nicht mitgedruckt worden und nach einiger Überlegung entschied man sich für diese Variante. Auf den frühen Prototypen (oben) ist der schwarze Umriss noch zu sehen.

Als Behälter wählte man vorgefertigte Flaschen, jedoch nicht aus Kostengründen, wie bei dem Parfum Unavailable (siehe Seiten 26–37), sondern zur Vereinheitlichung der Designaspekte: Schlichtheit, Geschlechtsneutralität und zweckmäßige Funktionalität. Die Differenzierung der Standard-Flaschen erfolgt durch die Verwendung anderer Verschlüsse. Die Flaschen bieten den zusätzlichen Vorteil, dass der Verbraucher sehen kann, wie leer oder voll der Behälter ist.

Aufgrund des heute üblichen Mehrfarbendrucks auf Trägermaterialien, die einen Behälter nach Belieben verwandeln können, wird man als Konsument mit einer immens vielfältigen Palette an Farben konfrontiert. Zu den auffälligsten Aspekten der REN-Label gehört hingegen, dass sie sich auf ein absolutes Minimum beschränken, um „Durchblick" zu gewähren.

Das Polypropylen-Etikett ist dicker und teurer als die üblichen Kosmetiklabel und wird mit starkem Klebstoff befestigt. Die Materialien sind dauerhaft und gewährleisten, dass die Packung lange lebt, was angesichts des wahrscheinlichen Aufbewahrungsortes (Badezimmer) eine wichtige Überlegung darstellt.

0.2 öl ↙

Bei der Auswahl der Verpackungselemente wurde das Ziel verfolgt, den Verbraucher das Produkt so gut wie möglich sehen zu lassen. Die Markenkennzeichnung ist minimalistisch und unauffällig, da sie in dem Farbbalken versteckt ist, der die Produktsorte anzeigt. Die Gesamtpräsentation ist äußerst klar und schnörkellos. Einfach wirkungsvoll.

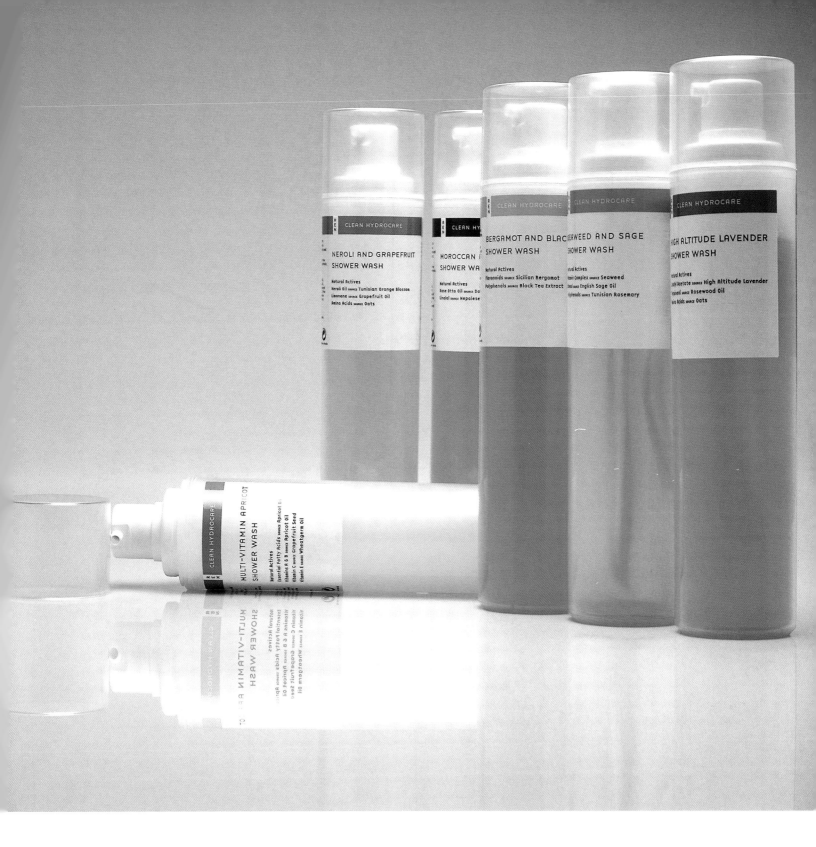

0.3 farbcode

↑

Die REN-Verpackung in all ihrer Schlichtheit. Im Vergleich zu den üblichen, designintensiven Kosmetikverpackungen wirken die geraden Flaschen geradezu spartanisch. Die Abbildung zeigt die Gesichtsreiniger: Der Inhalt ist deutlich sichtbar und kann durch den Farbcode an der Labeloberkante differenziert werden.

Die Produkte wirken asketisch und nüchtern. Der einheitliche Verpackungsstil verleiht der gesamten Kosmetikreihe Zusammenhalt und Homogenität.

0.4   accessoires   ↑   ↗

Die Accessoires, beispielsweise die Geschenktüte und die Geschenkpackung, halten sich an dasselbe Gebot der Schlichtheit. Im Gegensatz
zum Minimalismus der Produkte und Packungen wirkt die Tüte im Bou-
tique-Stil etwas traditioneller, während die Geschenkschachtel die
Schlichtheit der REN-Produkte, die nichtsdestotrotz für ein gehobenes
Marktsegment hergestellt werden, beibehält. Die Pastellfarben komple-
mentieren die Produktlabels und den „skandinavischen" Einheits-Look;
das Markenzeichen erscheint in zurückhaltend invertiertem Weiß.

0.5   neue seifenpackung   ↑

Die Verpackungen neuer Produkte wie dieser Rosenholz-Kamille-Seife
sind extrem minimalistisch. Die Seife ist in Papier eingewickelt, dessen
Aufkleber außer der Produktidentität keine weiteren Informationen vermittelt. Erst auf den zweiten Blick sieht man den Pastell-Farbbalken (der
auf die Inhaltsstoffe verweist) und das subtile REN-Logo.

0.6 konservierung   ↗

Das Pflegeprodukt selbst befindet sich in einem Beutel innerhalb der Flasche. Die Beutel sind luftdicht und schrumpfen, wenn ihr Inhalt aufgebraucht wird. Sie bieten zwei entscheidende Vorteile: Zum einen verhindern sie den Luftkontakt und zum anderen den Direktkontakt mit der Haut bei der Anwendung – beides führt bei herkömmlichen Flaschen zur Verunreinigung des Inhalts. Auf diese Weise konnte man bei REN auf Konservierungsstoffe völlig verzichten – was eines der Hauptanliegen des Herstellers darstellt.

Durch den Beutel ist der Inhalt fast restlos verwertbar, da er sich nicht in Ecken oder an Vorsprüngen festsetzen kann. Obwohl das nicht der Beweggrund des Designs war, genießt der Verbraucher den zusätzlichen Vorteil größerer Sparsamkeit. Außerdem sieht das Produkt immer frisch und sauber aus, da es nicht an der Flasche haften bleibt.

projekt 0.9 great

Minimalistische Designs, die sich auf das Wesentliche konzentrieren, besitzen große Aktualität und eine starke Wirkungskraft (zumindest so lange, bis wir davon überflutet werden). Dabei entbehrt es nicht einer gewissen Ironie, dass sich gehobene Produkte so erfolgreich der unweigerlich kostengünstigen, eigentlich markenfeindlichen Methoden von Niedrigpreisprodukten bedienen. Der internationale Einzelhandelsberater Rodneyfitch wurde mit der Neugestaltung und dem Re-branding verschiedener Nahrungsmittelverpackungen beauftragt. Das von der Agentur erdachte, recht schlichte visuelle Profil wurde letztendlich auf die Gestaltung aller Facetten eines Einkaufszentrums in Hongkongs Pacific Place mit dem Markennamen „great" ausgedehnt, inklusive der Verkaufslokale, der Hinweisschilder, der Uniformen der Mitarbeiter und der Lieferwagen. Rodneyfitch kreierte ein Konzept, dem zufolge das 2000 eröffnete „great" den Ernährungsgewohnheiten eines gehobenen Publikums nachkommen sollte – in den Restaurants wie in den Lebensmittelgeschäften.

„Great" ist einer der schlichtesten Markennamen, den man sich vorstellen kann, jedoch höchst effektiv, wie viele einfachen Dinge. Es verwendet die populäre Methode der Wortverdoppelung, bei der ein Wort durch eine andere Typografie von dem längeren Wort, dessen Bestandteil es ist, abgehoben wird: in diesem Fall „eat" von „great". Getrennt beschreiben die Begriffe das Angebot in einfacher Sprache, die Marke ist sozusagen selbsterklärend. Aus „eat" können wir schließen, dass Speisen angeboten werden, „great" verweist auf das Angebot des Markenbesitzers und übermittelt eine Botschaft, die erfüllt werden soll. Gemeinsam teilen die Begriffe dem Verbraucher mit, dass hier qualitativ hochwertiges, vielseitiges Essen angeboten wird.

Die von den beiden Begriffen geweckten Assoziationen sind so eingängig, dass die Packungen ohne Bilder auskommen. Stattdessen wurde die Idee einer Verpackung, die dem Kunden unverblümt mitteilt, was sie enthält, auf alle Designaspekte angewendet und führte zu Labels, die freien Assoziationen zum Thema Essen gleichkommen: „nudeln reis sushi pizza suppe brot stückchen sandwiches …" etc. mit dem Produktnamen am Ende, z.B. „tomaten-nudelsauce". Durch die Verwendung von Begriffen wie „biologisch-dynamisch" vermittelt das Label-System wichtige Produktinformationen und erweitert das Konzept und die Erfahrungswerte von „great": „täglich lebensmittel biologisch-dynamische produkte wein sekt bier schnäpse zigarren blumen zum hier essen zum mitnehmen lieferbar jeden tag".

Das Design ist klar, schlicht und sehr kontrolliert. Jede Facette wird zum Bestandteil einer umfassenden Einheit. Farbschema, Typografie, Stil, Raumproportionen, Beschilderung, Speise- und Einzelhandelslokale und sogar die Parkplatzschilder sind einheitlich. Die Detailfreude und die alles durchdringende Gegenwärtigkeit des Designkonzepts wertet die Marke auf und macht den hohen Qualitätsstandard, den sie repräsentieren soll, umso glaubhafter.

Das Verpackungskonzept von „great" schützt die Marke durch schiere Masse und vermeidet eine Verwässerung, die sich aus dem Sub-branding der verschiedenen Elemente des Einkaufszentrums hätte ergeben können. Dem Kunden wird das angenehme Wissen vermittelt, dass er von allen „Great"-Produkten gleich bleibende Qualität erwarten kann. Dies korrespondiert mit den Ausmaßen des Gebäudes, das seiner Kundschaft ein äußerst vielfältiges Angebot unter einem Dach bietet.

RS EAT-IN TAKE-AWAY DELIVERY

S TASTE NOODLES PASTA RICE S

AT POULTRY GAME FISH SHELLFI

TABLES DAIRY GROCERIES ORGANIC

EAT-IN TAKE-AWAY DELIVERY E

S TASTE NOODLES PASTA RICE SU

E NOODLES PASTA RICE SUSHI PIZ

Y GAME FISH SHELLFISH OYSTERS

GROCERIES ORGANICS WINE CHAMPA

VAY DELIVERY EVERYDAY ORGANI

S PASTA RICE SUSHI PIZZA SOUP BR

SH SHELLFISH OYSTERS DELI CHE

RIES ORGANICS WINE CHAMPAGNE BEE

RY EVERYDAY ORGANIC GREAT CI

ICE SUSHORGANIC GREAT CHOICE Q

HI PIZZA SOUP BREAD PASTRIES SA

STERS DELI CHEESE HERBS/SPICES

CHAMPAGNE BEER SPIRITS CIGAR

Y ORGANIC GREAT CHOICE QUALITY

SOUP BREAD PASTRIES SANDWICHES

CHEESE HERBS/SPICES FRUIT VEGE

BEER SPIRITS CIGARS FLOWERS

Abstrakt		1 Örtlichkeit 2 Deskriptiv		Engere Auswahl
Cornucopia	Heat	**1**		Time 2 …eat, shop, drink
Elements	Cube	From the Earth	Theatre	Eight (8)
Axis	Plenty	Foodtopia	The eatery	Eat@8, drink@8,shop@8
360O	Stacks	Soul Kitchen	Recipe	Fine 8
N.Y.C.	Plump	World KItchen	Blend	Infine8
Pacific	Variety	Ingredients	Specialist	One gourmet
Yum Yum	Delight	Four Corners	Stew	Fusion
Stuff	Red Dragon	Earth Produce	Plum	Taste
August	Import	Earthright	Consume	Panamana
Lemon	Harvest	pi (mathematic Symbol)	Foundation	So!
H20	Catch	Paradise	Urban food	be – better eating
Seed	Escape	Avalon	IF – ideas on food	go – eat, drink
Pod	x2	Earth gourmet	ei – eating ideas	Eden
Access	Hot & cold, wet & dry	AXIS	fi – food ideas	Oasis
Excess	Secret	HKFA	Bee - better eating	Gourmet village
Carrot	Here	(Hong Kong Food Authority)	experience	Earth Kitchen
Sensation	Rare	Food planet	ge – gourmet eating	Gastrome
Temptation	Ideal	Urban garden	oc – original cooking	Gourmetro
Utopia	Flair for flavour	Metro	trEAT	Metro gourmet
Oodles	Infinite	Pacific	bEAT	Metro cuisine
The Mix	Infinite eating	ew - East/West	nEAT	Feed
M.I.U.	Most	NSEatsW	hEAT	(fresh eating experience
Vital	More	First place	mEAT	destination,
Saucy	Sunrise	Full circle	Panamana	food experience every day)
Fuel	Good place	Earth pantry	Nosh	Menu
All	It		Good food	be-lo
Carbon	Ah	**2**	The collection	Fresh cellar
Every	SO	Soul food	Stop	Daily plus
Everything	So – below	Gastropolis	Live	Food is…
Potential Energy	SO! gourmet, So! noodles etc	Gastro	Source	Fresh EDS
Joules	Stir	Gourmet delicatessen	Survival	(fresh eating, drinking
Swallow	Other	Gourmet foodhall	Spring	& sharing)
Satisfy	Eureka	Gourmet theatre	Element	Fres.co
Glutton	Titanic	Gourmet forum	Plus	(the fresh food company)
The Pot	Massive	World food forum	Positive	Egg
Core	Signature	The gourmet food experience	Reveal	(enjoy Global gourmet)
The Bank	Ultimate	The larder 'n kitchen	Dig	
Ku-Ku	Choice	Global cuisine	Pure	
Tastebud	First choice	Earth's kitchen	epic (eating pleasure in the	
Total.	Palate	Metro kitchen	city)	
Ample	Ecstasy	Harvest kitchen	enuf –	
AKA	Nice	Stockmarket	experience new urban food	
Fusion Blue Blue Heaven	Fine	The Source	EGG –	
Green	Options	World-wide cuisine	enjoy global gourmet	
Mass	Ginger	Great world dining hall	Dish	
Sense	Root	Experience	Platter	
Essence	Kum (orange)	Eat well	Ocean	
Yessence	Ala (seed)	Well being		

0.1 wortspiele ↗

Rodneyfitch erstellte zuerst eine lange Liste von Namen zu den Themen Essen und Örtlichkeit. Auch abstrakte Begriffe, z.B. Fuel (Treibstoff), erhalten einen Bezug zur Tätigkeit der Nahrungsaufnahme.

0.2 endauswahl ↙

Eine Endauswahl von fünf Namen, die meisten davon mit Untertiteln, wurde weiterentwickelt.

Die endgültige Identität von „great" wird schon in diesem Stadium in einer der einfachsten Formen grafischer Differenzierung erkennbar: gr- in gerader und -eat in kursiver Schrift.

Final selection

be	**fres.co**	**earth kitchen**	**great**	**eight**
better eating	fresh food company		foodhall at Pacific Place	positive gourmet

0.3 entwicklung von be ↑ ↖

Entwicklung von Ideen für be: better eating. Der Schwerpunkt lag auf einer schnörkellosen, positiven Auffassung des Lebensstils, den die Verpackung verkörpern sollte.

0.4 entwicklung von earth kitchen ↑ ↗

Entwicklung von Ideen für earth kitchen: Betonung gesunder Inhaltsstoffe mit visueller Verbindung zur Natur.

0.5 entwicklung von eight ↑ ↗

Dieses Profil bezieht sich nicht nur auf die Anzahl der Lebensmittelhallen des Einkaufszentrums, sondern auch auf die positiven Konnotationen der acht als Glückszahl.

0.6 entwicklung von fres.co ↓ ↙

Entwicklung von fres.co, einer Identität, die an die Internetpräsenz der Marke anbindet. Die Typografie wurde absichtlich klar, lebendig und frisch gehalten.

1 GReat

2 great

3 great

4 great

5
great

6 great

7 GREAT

8
GREAT

9 grEAT

10 GREAT.

11
GREAT

12
great

13
great

14 GREAT

15
GREAT

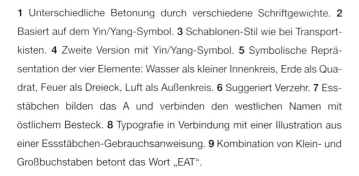

0.7 entwicklung von great

1 Unterschiedliche Betonung durch verschiedene Schriftgewichte. **2** Basiert auf dem Yin/Yang-Symbol. **3** Schablonen-Stil wie bei Transportkisten. **4** Zweite Version mit Yin/Yang-Symbol. **5** Symbolische Repräsentation der vier Elemente: Wasser als kleiner Innenkreis, Erde als Quadrat, Feuer als Dreieck, Luft als Außenkreis. **6** Suggeriert Verzehr. **7** Essstäbchen bilden das A und verbinden den westlichen Namen mit östlichem Besteck. **8** Typografie in Verbindung mit einer Illustration aus einer Essstäbchen-Gebrauchsanweisung. **9** Kombination von Klein- und Großbuchstaben betont das Wort „EAT".

10 Ein Satzzeichen bestärkt das Angebot: großartiges Essen. Punkt. **11** Abstrakte Interpretation der vier Elemente: Erde, Feuer, Wasser, Luft. **12** Der Bauch des A repräsentiert Verzehr. **13** Frühzeitliches Piktogramm einer keimenden Pflanze. **14** Die Buchstaben, besonders das A, suggerieren ein lächelndes Gesicht, das sich direkt auf die Essenserfahrung bezieht. **15** Zwei Schüsseln repräsentieren Sonne und Erde.

0.8 great entwicklung ↙ ↘

16 Das E als Gabel. **17** Essstäbchen als Sekundärmotiv. **18** Der Bauch des A als Logo. **19** Symbol, das ursprünglich „Essen" bedeutet. **20** Das kursive E impliziert schnellen Service. **21** Abstrakte Repräsentation der Konturen von Hongkong. **22** Das A basiert auf „kou", einem uralten Piktogramm für „Mund", und das T repräsentiert die Windrichtungen.

23 Uraltes Symbol früher Reisender: Der Stern repräsentiert mit der Linie links die östliche Hemisphäre und mit der Linie rechts die westliche. Symbol für das Zusammentreffen von Ost und West und gleichzeitig visuelle Repräsentation zweier Menschen, die sich einen Tisch teilen. **24** Allgemein verständliches Symbol für die Sonne, das in der kleinen Version auch die Kompassgrade repräsentiert. **25** Von chinesischer Kalligrafie beeinflusst. **26 + 27** Das G ist gleichzeitig groß und klein geschrieben, um Doppeldeutigkeit zu suggerieren.

16

17

18

19

20

21

22

23

24

25

GREAT

26

great

27

GREAT

great
pacific place

0.9 logo ↑ →

Das endgültige Logo in unterschiedlichen Farbvarianten für verschiedene Zwecke. Eine positive Version für weiße Untergründe, eine negative zum Invertieren auf Farbe und eine monochrome für farblich beschränkte Druckverfahren.

1.0 hot-dog-verpackung ↑ →

Die Verpackung für heiße Würstchen in finaler Gestaltung und mit dem endgültigen Farbschema.

1.1 kuchenpackung ↓

Tortenschachtel mit druckgrafischen Alternativen.

1.2 labelsystem

Suppenschüssel-Verpackung mit einem Labelsystem, das für verschiedene Behälter und Produkte verwendet werden kann.

1.3 sandwichtüten

Einfache Tüten, die für Sandwiches entworfen wurden, aber auch andere Produkte enthalten können.

1.4 becher

Entwicklung von Bechern, primär für Getränke, aber auch für Suppen etc. Für andere Produkte wird ein Extra-Etikett angebracht.

rodneyfitch

great

This End Up: Kreatives Verpackungsdesign

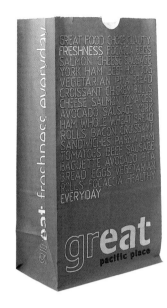

1.5 tütenvarianten

Verschiedene Größen und Stile für die acht Einzelhandelsabteilungen des Einkaufszentrums, von der einfachen (economy) Sandwichtüte bis zu luxuriöseren Tragetüten für Delikatessen.

1.6 sandwichschachteln

Herkömmlichee Falzkartons als Sandwichverpackungen in zwei Größen.

1.7 innendekoration

Farbskizzen der komplexen Innenräume, die von der Schlichtheit der Verpackungsgrafik inspiriert wurden.

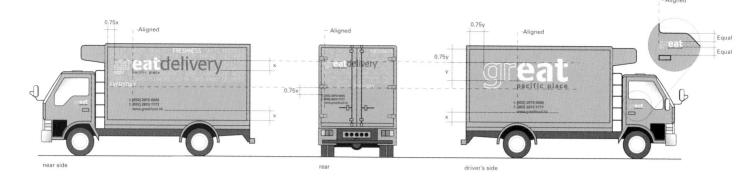

near side

rear

driver's side

top

Great truck - to be spray painted
green, identity applied as vinyls.
All information to be approved by
client prior to production. Colours
to match reference supplied.

Artwork to be provided.

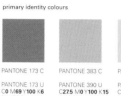

primary identity colours

PANTONE 173 C	PANTONE 383 C	PANTONE 390 C
PANTONE 173 U	PANTONE 390 U	PANTONE 396 U
C0 M69 Y100 K6	C27.5 M0 Y100 K15	C18.5 M0 Y100 K6
RAL TBC	RAL TBC	RAL TBC
3M SCOTCHCAL		3M SCOTCHCAL
3630-44 ORANGE		VT-9097 GREEN
TRANSLUCENT VINYL		TRANSLUCENT VINYL

1.8 lieferwagen ↑

Das für die Packungen entwickelte Profil setzt sich im selben einfachen
Stil auf den Lieferwagen fort. Die Unzahl von Verwendungszwecken, an
die sich das Markenzeichen anpassen muss, beweist seine Flexibilität.

1.9 umgebung ↓

Eine der Verkaufsstellen mit Wandgrafiken, Uniformen und einer
durchgehenden Synergie der unterschiedlichen Identitätselemente.

2.0 tischsets ↘ ↗

Tischsets mit Umrisslinien, die aus früheren Experimenten bei der
Identitätsentwicklung hervorgingen.

rodneyfitch

great

This End Up: Kreatives Verpackungsdesign

rodneyfitch

great

This End Up: Kreatives Verpackungsdesign

projekt 1.0   let it come down

Popmusik ist heute mehr denn je auf Präsentation bedacht. Oft wird behauptet, das sei nie anders gewesen. „Packaged" Pop wird meistens auf spezifische Nischen im Popuniversum zugeschnitten und abgestimmt – man denke nur an allgegenwärtige, äußerst gepflegte, makellose Gruppen wie N-Sync, die Spice Girls oder Steps. Der Stammbaum des Retortenpop geht bis an die Wurzeln der Popmusik in den späten 1950er, frühen 1960er Jahren zurück, auf Bands wie die Monkees, die Archies oder Elvis Presley. Sogar die Beatles und die Rolling Stones, die gegen den zuckersüßen Pop rebellierten, wurden zu einem gewissen Grad „verpackt".

Aber wie sieht das bei der materiellen Verpackung des eigentlichen Produkts aus? Die ersten wirklichen Neuerungen stellten sich in den 1960er Jahren ein, als die einfache Kartonhülle der Hochglanzverpackung weichen musste. Für Grafiker, Künstler, Fotografen und Illustratoren boten sich ungeahnte Möglichkeiten: Sie entwickelten das Albumcover zu einer Kunstform, die mit den aufklappbaren Plattenhüllen ihren Höhepunkt erreichte. Das Coverdesign ist auch heute noch der eigentliche Identitätsträger des musikalischen Produkts.

Musik hat viel mit Image zu tun. Das wussten schon die Coverkünstler und sie versuchten, den Kunden mit Aufsehen erregenden, manchmal fast ikonenartigen Designs zu verführen. Leider verkauft sich schlechte Musik zwar gut in tollen Verpackungen, aber gute Musik nur schlecht in armseligen.

Der größte Umbruch der letzten 20 Jahre ereilte die Musikverpackung in Form der CD, die das gewohnte Vinyl-Album langsam ablöste. Mit dem jewel case erreichte die CD-Verpackung schon bald ihren Höhepunkt. Schließlich ist eine CD nicht schwer zu schützen. Die Scheibe mit einem Durchmesser von 12 cm ist in einer etwas größeren Hülle leicht zu liefern und lagern (für Händler wie für Konsumenten). Insofern erfüllt das jewel case als praktischer Schutzbehälter viele der in der Einleitung erwähnten Verpackungsfunktionen und ist funktioneller als Schallplattencover, die leicht kaputt gingen und die Vinylplatte nur begrenzt schützten.

Nur die Schaufläche, die den Designern auf CD-Hüllen zur Verfügung steht, bringt im Größenvergleich zum Albumcover große Nachteile: Sie schrumpfte von 30,5 cm auf rund 12,5 cm im Quadrat. Das Durchblättern der Alben beim Plattenkauf glich früher – mit einem steten Fluss eindrucksvoller Bilder, deren Format das der meisten Zeitschriften übertraf – einer abenteuerlichen Entdeckungsreise. Der CD-Kauf ist weniger stimulierend, da die Hüllen die visuelle Präsentation einschränken. Kleine Schriften und ein regelrechtes Gedränge visueller Elemente bei der Verkleinerung der Grafiken gehören zu den Problemen, mit denen Designer konfrontiert werden. Da das visuelle Image eine Schlüsselkomponente von Tonträgern darstellt, erweisen sich diese Beschränkungen als äußerst hinderlich.

So wurden andere Verpackungsformen entwickelt, z.B. die aufklappbare Kartonhülle, eine Variante des gängigen jewel case, deren Material und Textur an frühere LP-Cover erinnert und nicht so schnell abgegriffen und verkratzt aussieht wie das transparente Plastik. Es kommen zudem unterschiedliche Plastikfarben, Metallhüllen oder Kartonumschläge zum Einsatz, die sich von der Masse abheben und für visuelle Differenzierung sorgen sollen. Die Pet Shop Boys hoben diese Differenzierung mit ihrer CD Very auf ein neues Niveau: eine genoppte Schachtel in grellem Orange, die keinerlei Hinweise auf die Gruppe trug.

Spiritualized ist eine Indie-Band, die man vielleicht gerade noch dem Pop zurechnen kann. Ihr Sound setzt sich aus hypnotischen Musikstücken mit eindringlichen Vocals sowie Gitarren- und Elektronikelementen zusammen. Die hier präsentierte CD-Verpackung von Farrow Design für die CD Let it come down unterscheidet sich radikal von landläufigen CD-Hüllen. Sie ist innovativ, verfügt über eine überzeugende visuelle Präsentation mit einheitlichen Designelementen und kann als richtiges Kunstobjekt betrachtet werden. Spiritualized greift gern auf innovative Hüllendesigns zurück, so bei dem Album Ladies and Gentlemen we are floating in space, das als Faksimile einer Pharma-Packung gestaltet wurde (vom grafischen Stil bis zum Karton), und der Vorgänger-CD Pure Phase, die in einer phosphoreszierenden Hülle steckte.

0.1 materialien   ↗

Let it come down sieht zwar nicht so aus wie eine CD-Schachtel, hat aber eine ähnliche Form und ist etwas größer. Der seltsame Ersteindruck lädt zum Anfassen und Untersuchen ein. Zu sehen ist das Plastikrelief einer ernst dreinblickenden Frau, das mit Licht- und Schattenpartien eine gespenstische optische Illusion erzeugt. Die eindrucksvolle Figur ist eine Reproduktion einer Skulptur von Don Brown namens Yoko, die sich dieser optischen Illusion bedient. Mark Farrow hatte schon vorher ein Foto dieser Skulptur für eine Einladungskarte von Browns Galerie Sadie Cole benutzt.

Die Verpackung ist ein bisschen höher, breiter und dicker als normale CD-Hüllen, um Platz für das Relief zu schaffen, was die Einzelhändler mit ihren standardisierten Verkaufsregalen nicht erheitern dürfte. Ganz offensichtlich brauchen die Schachtel und das Mädchengesicht Raum zum Atmen.

Die Packung besteht aus einem ungewöhnlichen Plastikmaterial, das durch die Konstruktion weicher und hohler wirkt. Dies verstärkt den Gesamteindruck und macht das Produkt taktiler. Brown, der meistens mit Acryl arbeitet, hatte Probleme bei der Materialwahl, da das Plastik dem Formverfahren standhalten musste. „Ich würde dieses Material normalerweise nicht benutzen, da es mir nicht matt und hart genug ist," sagt er, „aber das Endresultat ist toll. Es macht mir Spaß, die CD-Hülle um mich zu haben. Sie vermittelt ein merkwürdiges Gefühl, irgendwie bekannt und doch ein bisschen losgelöst."

101

farrow design

let it come down

This End Up: Kreatives Verpackungsdesign

0.2 prägedruck ↗

Das dreidimensionale Thema setzt sich auf der Rückseite fort. Der
Name der Band und der Albumtitel treten in geprägten Buchstaben zen-
tral aus einer der unspezifischen Taschen hervor, in der die CD steckt.
Die spartanische Verpackung könnte bei Verbrauchern, die an bilder-
reiche CD-Hüllen gewöhnt sind, Zweifel aufkommen lassen, ob sie
überhaupt eine CD in Händen halten.

On fire
Do it all over again
Don't just do something
Out of sight
The twelve steps

0.3 druckverfahren ← ↗

Die Trackliste auf dem Karton-Innencover ist ebenfalls aufgeprägt. Der einzige Tintendruck der Hülle ist der Covertext, aber auch hier wurde Silber verwendet, das auf dem cremefarbenen Hintergrund verschwindet, wenn man das Objekt im Licht kippt.

0.4 disk ↙ ↖

Das Herzstück des Produkts birgt die letzte Überraschung. Wenn man die CD aus dem Umschlag nimmt, will man sie zuerst umdrehen, um die abspielbare Seite zu finden. Die unbespielte Seite ist überhaupt nicht markiert. Angesichts immer neuer Technologien, die zunehmend komplexere CD-Grafiken ermöglichen, ist das ein radikaler Schritt. Wenn man die CD näher betrachtet, entdeckt man außer seinen eigenen Fingerabdrücken diskrete, konzentrische Schriftringe um die Mitte. Dies erinnert an die mit „Geheimbotschaften" bespielten Auslaufrillen mancher Vinyl-Alben. Es ist etwas bedauerlich, dass diese Neuentwicklung hier nur für triviale Informationen wie Copyright und Katalognummer verwendet wird. Vielleicht werden zukünftige Künstler diesen Platz auf ähnliche Weise nutzen wie die Auslaufrillen der Vergangenheit.

projekt 1.1 dyrup

Im Jahr 2000 unterzog S. Dyrup & Co., der führende Holzschutzmittel- und Farbenhersteller Dänemarks, seine gesamte Designstrategie einer gründlichen Prüfung. Da der Unternehmensaufbau durch Übernahmen erfolgt war, befand sich das Markenportefeuille in einem disparaten Zustand, was eine lückenhafte Markenwiedererkennung und mangelndes Kundenverständnis zur Folge hatte. Die Firma hatte keine Botschaft oder klare Markeneigenschaften zu vermitteln und es fehlten Richtlinien und Kriterien zur Gewährleistung einer einheitlichen und akkuraten Kommunikation. Dyrup wollte die bestehenden Marken rationalisieren, ein klares und einheitliches Image entwickeln und die revidierte „Identität" in Informationsmaterialien, Ladenausstattungen, Verkaufsorten, Verpackungen und Broschüren auf allen europäischen Märkten implementieren.

Das international tätige Einzelhandels-Beratungsunternehmen Rodneyfitch wurde mit der Entwicklung einer einheitlichen Designlösung einschließlich der optischen Elemente, des fotografischen Stils und der Verpackungen beauftragt. Das neue Markenprofil sollte „das Leben der Konsumenten durch Farbe und guten Geschmack bereichern und inspirieren". Rodneyfitch überarbeitete das Hauptmarkenzeichen, internationalisierte es durch Verzicht auf die dänische Krone, war federführend bei der Vereinfachung des Namens auf Dyrup – alles Veränderungen, die das Profil einer Marke schärfen und ihre strategische Ausrichtung harmonisieren.

Die kreative Umsetzung definierte eine einheitliche und geschlossene Hierarchie, in der die Produkte verschiedenen Marktsegmenten zugeordnet wurden. Alle Markenprodukte wurden mit einem eigenen, festgelegten Look sowie einer spezifischen Atmosphäre und Philosophie versehen, die auf lokaler, nationaler und internationaler Ebene über alle Unternehmensbereiche hinweg Konsistenz gewährleisten sollte. Mittlerweile wird eine homogene Markenpalette parallel in verschiedenen Marktsegmenten vertrieben. Der fotografische Stil wurde so gewählt, dass er die Marke aufwertet und mit sozialen Begehrlichkeiten assoziiert.

Wir haben in diesem Buch durchweg versucht, die vielen Facetten des Verpackungsdesigns kritisch zu beleuchten: innovatives Design, Kundenwirkung, Materialgebrauch, Funktionalität … wo aber bleibt die Effektivität? Kann eine Verpackung überhaupt zu beabsichtigten und quantifizierbaren Resultaten führen?

Wie soll man die Effektivität einer Verpackung beurteilen? Vielleicht könnten Ehrungen als Maßstab dienen – einige der in diesem Buch präsentierten Designs haben Preise gewonnen. Oder reflektieren sie vielleicht doch nur Designtrends und sind keine wahren Indikatoren „wirklicher" Effektivität? Um effektiv zu sein, muss die Verpackung die Ansprüche des Klienten bezüglich des Markenprofils, des Designs oder der wirtschaftlichen Faktoren erfüllen; um jedoch als wirklich bemerkenswert gelten zu können, muss sie weit darüber hinausgehen. Ein wichtiger Teil von Rodneyfitchs Arbeit für Dyrup war die Quantifizierung der Designänderungen und ihrer Auswirkungen auf den Umsatz, die schließlich ein wichtiger Beweggrund dieses Auftrags waren. Nach der Neugestaltung durchgeführte Marktforschungen ergaben eine 30 %ige Umsatzsteigerung, was die Erwartungen des Unternehmens um Längen übertraf, und Shop-in-shop-Umsatzziele, die 20 % über den Prognosen lagen. Die Forschung ergab auch, dass die Wiedererkennung der umgestalteten Marke bei den Kunden deutlich gestiegen war, wobei die Farbpalette als wichtiger Erfolgsfaktor bewertet wurde.

Ein Verpackungssystem also, das Umsätze steigert (wirtschaftlich), die Kundenerkennung erhöht (Markenprofil) und gleichzeitig visuell progressiv ist (Design) – der Lehrsatz „gutes Design bedeutet gute Umsätze" (der dem ehemaligen Vorstandsvorsitzenden von IBM, Thomas Watson, zugeschrieben wird) hat noch nie besser gepasst.

dyrup group

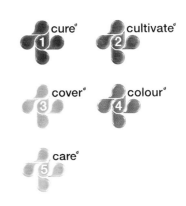

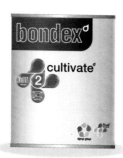

the holding company

the holding company incorporating
the 5 step system

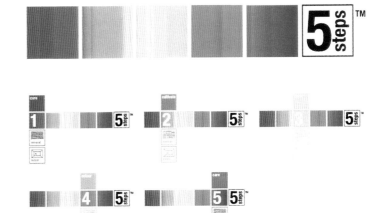

0.1 entwicklung

Frühe Skizzen basieren auf Farbgestaltung und Vereinheitlichung und zeigen die thematische Verwendung von Farbtönen und Formen, um die Idee von Farbe zu vermitteln, jener Ware, die das Markenzeichen repräsentieren soll.

0.2 profile

Entwicklung verschiedenartiger Packungsstrukturen. Ein einziges Hauptmarkenzeichen wird für die gesamte Produktreihe verwendet – was oft auch als monolithische Identität bezeichnet wird. Markenzeichen (Handelsnamen) für verschiedene Länder werden typografisch und farblich vereinheitlicht – eine Markenidentität. Länderspezifische Handelsbezeichnungen werden von einem einzigen Hauptmarkenzeichen unterstützt (ganz unten) – eine starke Identität.

Die Verwendung verschiedener Identitätsstrukturen kann klare Vorteile bringen. Gemeinhin wird die Implementierung einer monolithischen Identität als am einfachsten erachtet. Hier werden alle Manifestationen identisch gestaltet – man denke beispielsweise an Bankfilialen, von denen wir visuelle Konformität erwarten.

Strukturen aus verschiedenen Marken (branded system), die nicht miteinander oder mit dem Hauptunternehmen in Verbindung zu stehen scheinen, gelten als problematisch. Sie werden häufig von Unternehmen der Konsumgüterindustrie eingesetzt, um besondere Produkte in Nischenmärkten zu vermarkten, meistens in Bereichen, in denen es für einen Hersteller unangebracht wäre, ein anderes Produkt zu unterstützen, z.B. wenn ein Pharmahersteller Lebensmittel verkaufen will.

So genannte endorsed systems, in denen unterschiedliche Produkte durch visuelle Assoziationen miteinander verbunden werden, treten meistens bei Unternehmen auf, die durch Übernahmen gewachsen sind. Ein gutes Beispiel ist Nestlé, wo man – grob gesagt – Produkte gekauft und dann durch das Nestlé-Logo zu Nestlé-Produkten „gemacht" hat.

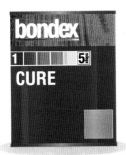

0.3 produktionstests ↗

Druckvorgänge auf Plastik oder Metall erfordern unterschiedliche Farb- und Qualitätskontrollen. Das komplizierte Farbspektrum des Dyrup-Hauptlogos erschwert gleichmäßige Druckresultate. Oben sind Test-drucke zur Produktionsoptimierung abgebildet, bei denen dasselbe Logo mit unterschiedlichen Methoden gedruckt wurde: Duotone-Verfahren, Ein-, Zwei und Vierfarbdruck, sowohl positiv als auch invertiert auf kräftigem Hintergrund – zur Formulierung von Druckstandards, die für alle Märkte gelten sollen.

0.4 modulsystem ↙

Alle Kernelemente des typografischen Aufbaus – fotografischer Stil, Farbgebung, Logoposition, Sicherheitshinweise – wurden rationalisiert. Die Agenturen im jeweiligen Land setzen die Einzelteile nur zusammen, was einen einheitlichen und konsistenten Verpackungsstil garantiert. Eine lokal unterschiedliche Bildauswahl vervollständigt die Synthese und berücksichtigt spezifische Marktbedürfnisse.

0.5 richtlinien ↑ →

Nationale Hersteller werden durch detaillierte und leicht verständliche Richtlinien unterstützt, um synchrone, konsistente Designverfahren zu gewährleisten. Die Integrität des Hauptmarkenzeichens wird streng kontrolliert, von einzelnen Visitenkarten über Geschäftsfassaden bis zu den Innenräumen.

rodneyfitch

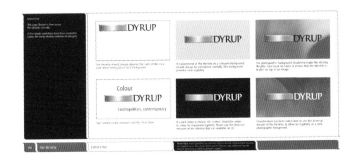

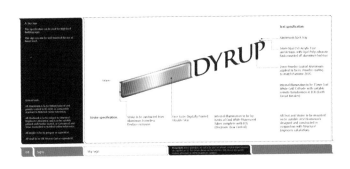

dyrup

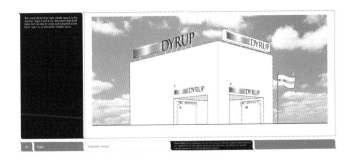

This End Up: Kreatives Verpackungsdesign

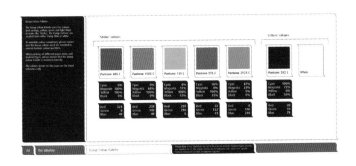

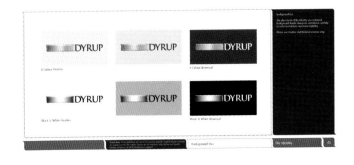

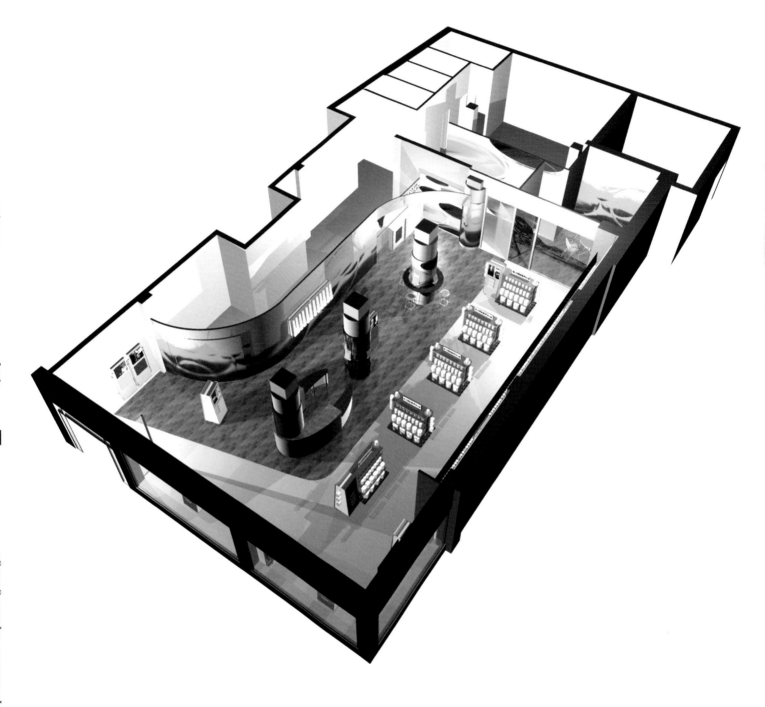

0.6 innenräume

Rodneyfitchs stark visueller Ansatz wird auch in die Innenarchitektur integriert und schafft „nahtlose" Verkaufsumgebungen. Die Produkte sind in dekorativen Displays nach Sorten gruppiert. Die Umgebung wird mit Fotografien dekoriert, die sozialen Aufstieg verkörpern. All dies soll beim Kunden die Vorstellung verstärken, „dass sich das Leben durch Farbe und guten Geschmack entscheidend bereichern lässt".

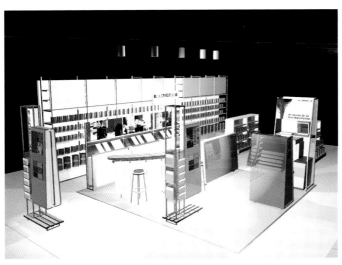

projekt 1.2 furious angels

Kommunikation – die Fähigkeit, in der Hoffnung auf Umsätze mit visuellen Präsentationen Aufsehen zu erregen und Kunden zu interessieren – ist eine Kernfunktion der Musikverpackung. Spiritualized (siehe Seite 98–103) und der hier vorgestellte Singer/Songwriter/ Komponist Rob Dougan versuchen das mit Hüllendesigns, die auf das gängige Plastik verzichten. Während Spiritualized die CD-Packung erweiterte und ihre visuelle Wirkung verstärkte, demonstriert das Buchkonzept von Blue Source (einer zeitgenössischen Londoner Designagentur, die für Arbeiten in der Musikindustrie bekannt ist) für Dougans Album Furious Angels eine prägnante Verpackungsmethode für ein Produkt mit multifunktionalen Ansprüchen.

Blue Source wurde mit der Produktion einer Bilderserie beauftragt, die den neuen Soundtrack der Furious Angels untermalen sollte. Die Bildproduktion resultierte schließlich in einem Buch (einem Verkaufsartikel in limitierter Auflage mit Werbewert), einer Ausstellung samt Katalog und einer Sequenz bewegter Bilder.

Ganz eindeutig standen bei diesem Entwurf aufklappbare LP-Cover Modell: Das Design besteht aus einer DIN-A4-Packung, in der sich eine CD, ein Mini-Buch mit Bildern und Songtexten und ein Katalog befinden. Das Ganze erinnert etwas an das Album Quadrophenia von The Who. Aus dieser Perspektive betrachtet, ist das Produkt wirklich gelungen, da es aussagekräftige Bilder liefert, die den Hörgenuss begleiten.

Die Herstellungsmethode und der gefaltete und verleimte Werkstoff des Covers ähneln einer aufklappbaren LP-Hülle. Auf diese Weise entsteht ein idealer Mechanismus, mit dem das 34 Seiten starke Buch an der Außenhülle befestigt wird.

Das Buch ist ein normales Tonträger-Booklet mit Liedtexten und bemerkenswerten Bildern, deren Schwerpunkt auf dem Gesicht des Künstlers liegt. Verschiedenartige Porträtfotografien und eine Keramikbüste des Sängers, die im Moment ihrer Explosion abgelichtet wurde, entfalten eine starke Wirkung. Das Buch ist mit Faden gebunden – eine dauerhaftere Methode als die einfache, bei CDs (und den früheren LP-Begleitbüchern) übliche Klammerheftung – und unterstreicht die hohe Wertigkeit des Produkts.

Blue Source hat eine in visueller Hinsicht einmalige Art von Verpackung entwickelt, die sich von der Unzahl der auf dem Markt befindlichen CDs absetzt und allen Hörern, die sich voller Nostalgie an die visuellen Reize der Vinyl-Alben erinnern, eine gewisse Befriedigung vermittelt. Das Zusammenspiel der klaren, selbstbewussten Typografie und der atemberaubenden, eindringlichen Bilder besitzt starke optische Anziehungskraft. Das wohl überlegte Design und das hohe Produktionsniveau der Packung resultieren in einem Produkt, das beim Kauf wunderbar aussieht und jede anspruchsvolle CD-Sammlung bereichern dürfte.

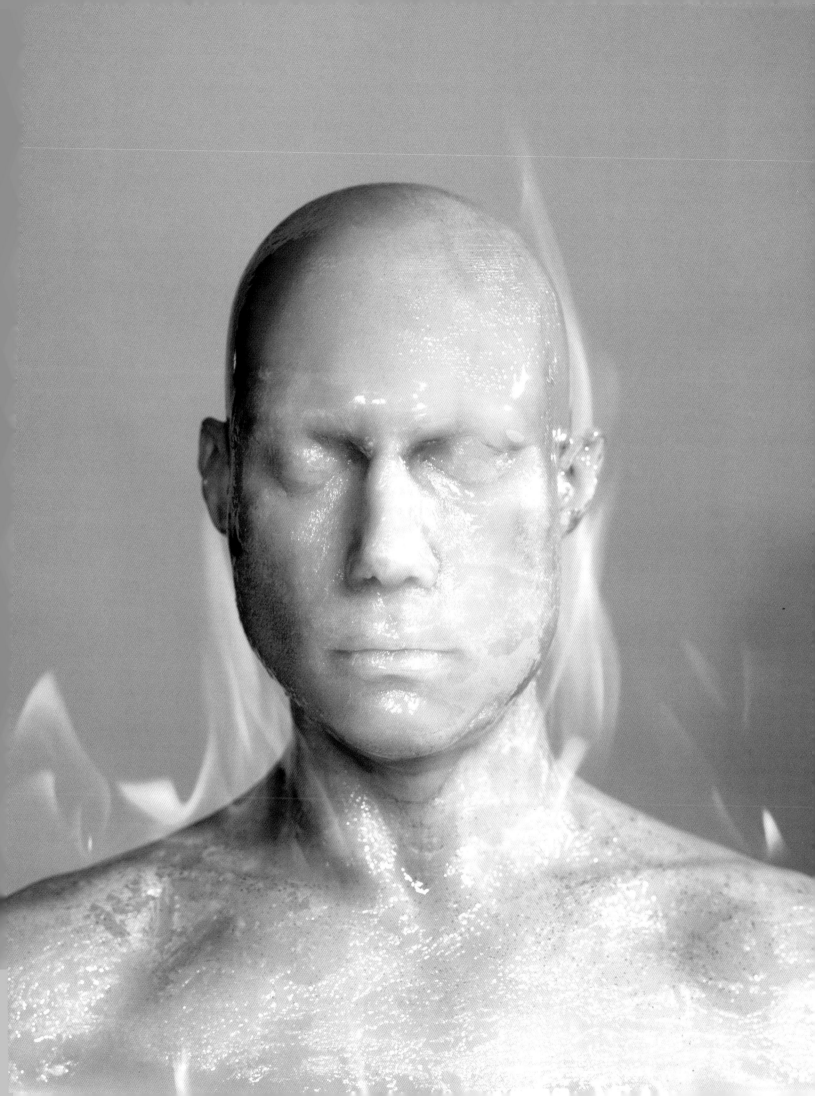

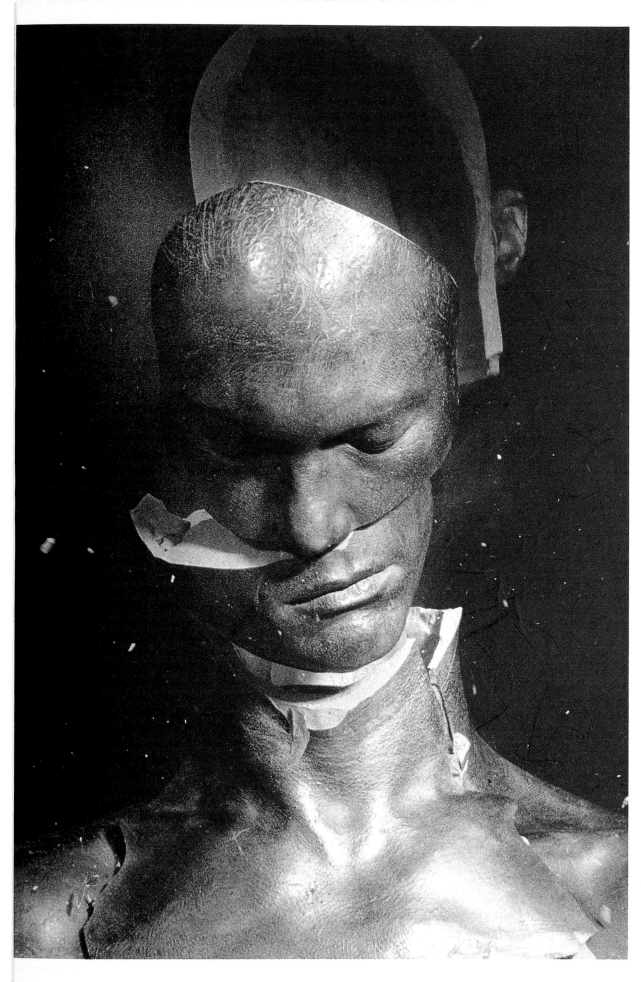

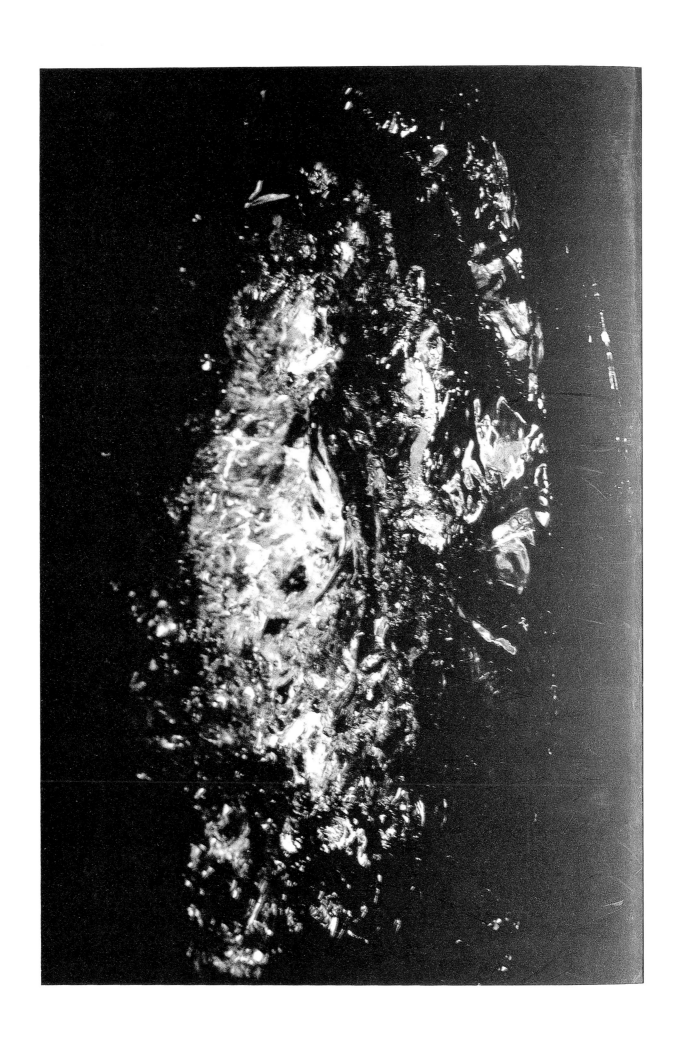

blue source

furious angels

This End Up: Kreatives Verpackungsdesign

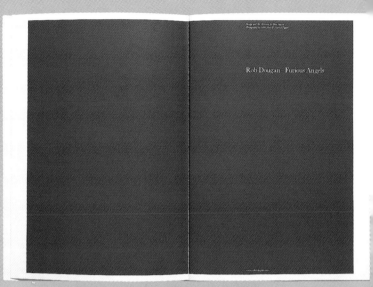

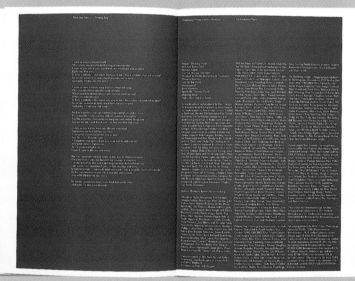

0.1 doppelseiten ↑ ↘

Die hier abgebildeten Doppelseiten zeigen einige der ausdrucksstarken Bilder aus dem Begleitbuch zu Dougans Album. Die sehr künstlerischen Fotos wurden der filmischen Ausstellungssequenz entnommen und als integrale Bestandteile der art direction und des Bildherstellungsprozesses den Songtexten gegenübergestellt. Die erste Doppelseite ist oben links zu sehen. An ihrem Mittelfalz kann man erkennen, wie das Album gefaltet und geleimt wurde.

Am Mittelfalz der Titelseite (ganz oben rechts) ist die Einbandnaht klar zu sehen. Die zurückhaltenden, in der Bewegung erstarrten Bilder gelber Flammen vor schwarzem Hintergrund (ganz oben links) und das aus dem Wasser „auftauchende" Gesicht Rob Dougans (oben links) werden mit der typografischen Reinheit der abgedruckten Songtexte gekontert (oben rechts). Die CD sitzt auf einer Schaumstoffnabe mittig im Rückendeckel (gegenüberliegende Seite unten) und wird von der letzten Seite des Buchblocks an Ort und Stelle gehalten.

Let the whole world fall away
And fall into my arms
Stay with me
I don't know how long we've got left
And so I'm asking you
To forgive me
I learn as I go
To float far away
Into silence
And just watch your face
And find some kind of grace
In that quiet bliss

Where will we go when we get old
When the bustle and the noise
Get too frightening
When each and every angry word
Is banished to the past
That when I think
We'll learn as we go
To float far away
Into silence
And I'll watch your face
And read of patience and grace
In each line there

Will you walk into the grave with me
Will you leave this empty world
Soft and wistful
To sink into the dark, dank earth
And never reappear would be blisful
To float far away
Into eternal space
And God's silence
Where I'll watch your face
And find patience and grace
In each line there

Can I stay and say nothing at all. Work each day, all for nothing at all.
The few words I say they mean nothing at all. Drift away into nothing at all.
Find the grace to be nothing at all. Fade away and end up nothing at all.
At all, at all, at all.

blue source

furious angels

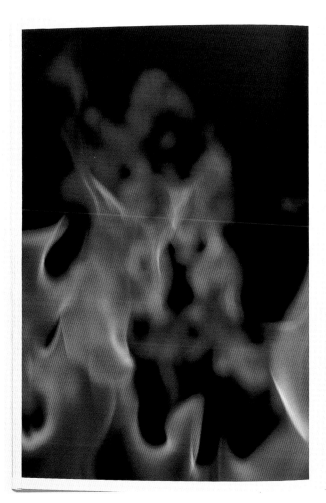

Rob Dougan – Furious Angels

This End Up: Kreatives Verpackungsdesign

projekt 1.3 durex

Kondom, Präservativ, Pariser – ungeachtet seiner jeweiligen Bezeichnung wird das Latex-Verhütungsmittel wegen seiner Schutzeigenschaften verwendet, wie viele andere Verpackungsformen auch. Kondomverpackungen bestehen meistens aus folienbeschichteten Innenbriefchen für das Produkt, die in einem Außenkarton stecken. Vorbei sind die Zeiten, in denen Tierdärme als Kondome dienten, mittlerweile haben die Marktsegmentierung und Produktentwicklung eine Unzahl verschiedener Kondomprodukte hervorgebracht, die schnell und leicht erkennbar sein müssen angesichts der Tatsache, dass sie einerseits den Lustgewinn ermöglichen oder optimieren und andererseits Schwangerschafts- und Infektionsrisiken vorbeugen sollen.

Alle Facetten einer Verpackung können den Designer vor Herausforderungen stellen, ja sogar die Abwesenheit jeglicher Verpackung (siehe Seiten 58–67). Und alle Fallstudien in diesem Buch zeigen Packungen, die sich von den oft wohl durchdachten Designkonzepten der Konkurrenz unterscheiden sollen. Das Kernproblem in der folgenden Durex-Fallstudie scheint auf den ersten Blick beim branding zu liegen. Tatsächlich war es jedoch eines der Hauptanliegen des Designauftrags, die Verpackung zu optimieren und die Produktionskosten zu senken, während die Überarbeitung ihrer Transport- und Behältereigenschaften eine untergeordnete Rolle spielte.

Durex, die einzige weltweit vertretene Kondommarke, gehört dem Marktführer SSL International. Das Unternehmen wollte seine globale Identität konsolidieren und alle von ihm vertriebenen nationalen Kondommarken der Hauptmarke Durex einverleiben, um durch den Rationalisierungseffekt Verpackungs-, Werbungs- und anderweitige Kosten zu senken.

Landor Associates sollte einen differenzierten Markenauftritt gestalten, mit dessen Hilfe sich Durex gegen Konkurrenzprodukte durchsetzen kann, aber gleichzeitig die Marktrelevanz des Produkts für Verbraucher in allen Kulturkreisen gewährleisten. Das Erscheinungsbild sollte für alle Medien und Elemente der Absatzplanung geeignet sein und den Umstieg auf den Markennamen Durex ohne Umsatzeinbrüche sicherstellen. Darüber hinaus sollte das Design die Produktpalette segmentieren, die multilinguale Kommunikation unterstützen und auf ein breites Spektrum von Packungsformaten für verschiedene Verkaufsorte wie Gemischtwarenläden, Automaten und Apotheken anwendbar sein.

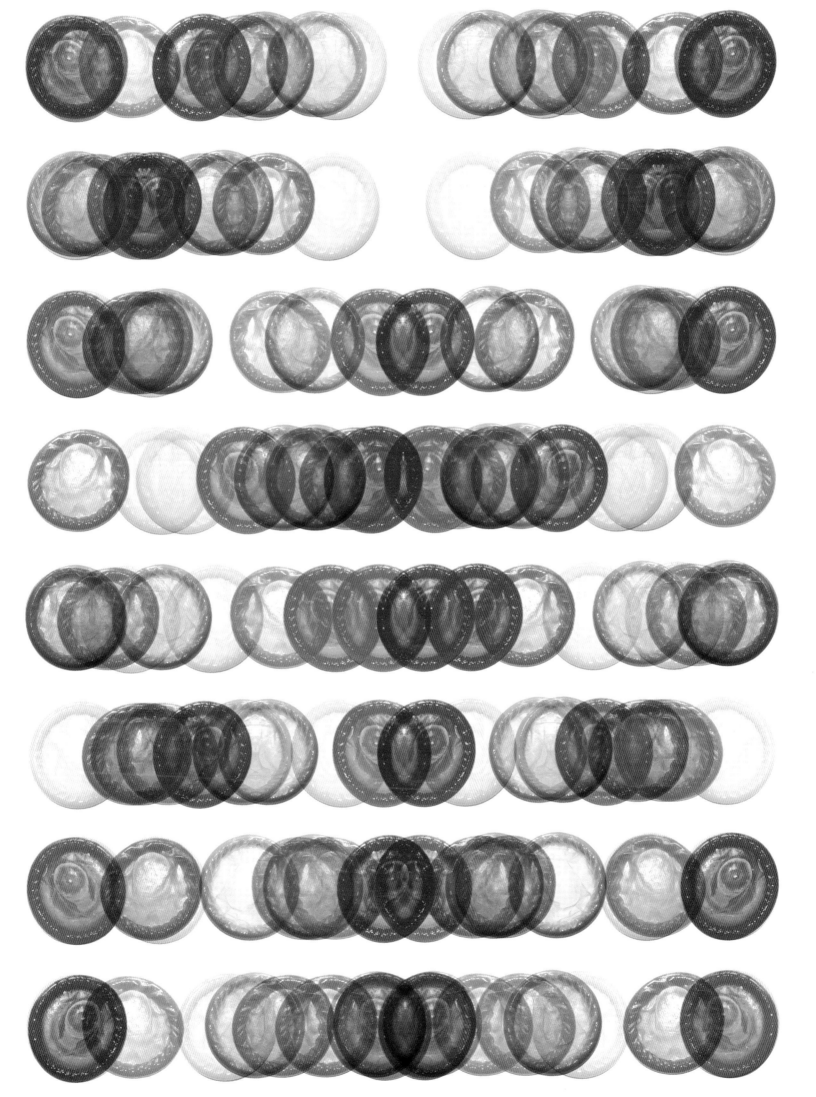

0.1 identität ↗

SSL wollte die weltweite Einführung seiner Kondommarke Durex zur Aktualisierung des Durex-Logos nutzen, mit einer visuellen Neugestaltung, die auf alle Kulturen, in denen das Produkt vertrieben wird, anwendbar sein sollte. Da sich die Marke (in einigen Märkten) seit Jahrzehnten einer hohen Akzeptanz erfreut, wurde die Gesamtidentität nicht komplett umgestaltet, sondern lediglich konsolidiert. Zuerst entstanden unterschiedliche Versionen des Durex-Logos, um eine Endversion zu finden, die einheitlich auf allen Packungen erscheinen würde.

0.2 durex medium ↙

Zum Zweck einer übergreifenden Vereinheitlichung der Markenidentität verwenden die Labels eine speziell entworfene und sehr treffend als Durex Medium bezeichnete Schriftart. Sie wird für alle Beipackzettel und gesetzlich vorgeschriebenen Packungsinformationen benutzt und dient dem Produkt als Identifikationsmerkmal. Wie auf den folgenden Seiten und dem unten abgebildeten endgültigen Design zu sehen ist, wurden mehrere Kombinationsmöglichkeiten von Schriften, Farben und Bildern ausprobiert, bis die endgültige Kombination feststand.

0.3 farbcode ↘

Das breit gefächerte Angebot an Markenartikeln wird durch ein Farbschema differenziert, um eine leichte und schnelle Identifizierung zu ermöglichen. Jedes Produkt hat seine eigene Farbe, die auf der Verpackung eine zentrale Rolle spielt. So können die verschiedenen Kondomsorten weltweit an der Packungsfarbe erkannt werden, mit Ausnahme einiger Besonderheiten in abweichenden Märkten wie den USA und Italien.

Durex Medium

ABCDEFGHIJKLM NOPQRSTUVWX YZ abcdefghijklmn opqrstuvwxyz

Colours & Flavours

Pantone 485

Pantone 130

Standard

Pantone 2745

Thin Spermicidal

Pantone 2736

Standard Spermicidal

Pantone 327

Extra Strong

Pantone 3292

Anatomic

Pantone 2727

Jeans

Pantone 2915

Thin Non-Spermicidal

Pantone 2617

Pantone 200

Studded

Pantone 241

Hypoallergenic

White

Italy Contacto

Pantone 431

Ribbed

Pantone 355

USA

Black

0.4 hauptmarkenzeichen ↗

Das Hauptmarkenzeichen spielt im umgestalteten, globalen Packungs-
system eine maßgebende Rolle. Als universelle Identität ist es nicht nur
gut erkennbar (ohne sprachspezifisch zu sein), sondern auch sehr
anschaulich (da es den Packungsinhalt visuell andeutet).

0.5 innenpackungen ↙

Das Farbschema setzt sich auf den Kondombriefchen fort und macht sie
zu distinktiven Markenpackungen, die gleichzeitig der Produktidentifi-
zierung dienen. Durch die Verwendung sorgfältig abgestimmter, einfühl-
samer Farbtöne wird jedoch nicht nur die Identifizierung erleichtert (Markenkennzeichnung), sondern auch die Benutzerfreundlichkeit erhöht
(der Verbraucher wird nicht eingeschüchtert). Außerdem wird auf diese
Weise den Anliegen der Schwangerschaftsverhütung und des Infek-
tionsschutzes eine angenehme Note verliehen.

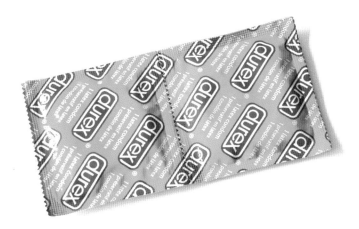

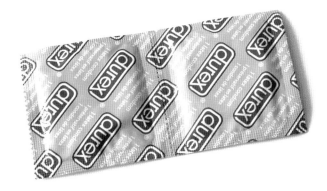

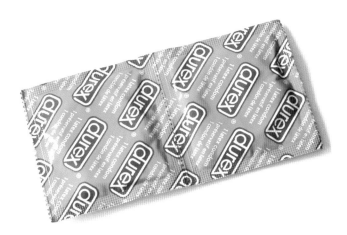

projekt 1.4 plan b

Designer beziehen ihre Inspirationen aus allen möglichen Dingen – sie borgen von der Natur, der Popkultur oder auch von anderen Produkten. So kommt es manchmal zu inspirierten Interpretationen an überraschenden Orten. Für die CD Plan B der Gruppe Okoumé entwarf die Agentur L'Atelier In-Seize aus Montreal eine neuartige Adaption einer in einem anderen Industriezweig üblichen Verpackung. Das Designbüro schuf eine Parodie des Konzepts flach verpackter Möbel, das von Handelsketten – allen voran Ikea – populär gemacht wurde.

Die Packung beinhaltet mehrere Einzelteile. Im Plattenladen wird der Kunde mit einer braunen Kartonschachtel konfrontiert, die etwas breiter und ungefähr doppelt so tief ist wie die üblichen CD-Hüllen, aber von den Dimensionen her gut in die Verkaufsregale der Händler passt. Wie bei den Möbelpackungen handelt es sich hierbei jedoch nur um eine Sekundärverpackung, die den Inhalt beim Transport vom Geschäft nach Hause schützt. Sie trägt sogar den „This End Up"-Pfeil und verweist mit dem Aufdruck MACD 5838 (der Katalognummer des Produkts) auf die CD. Anstelle von Grafiken gibt es pure Information in Form eines Aufklebers vorne, mit den Namen der Band und des Albums, und auf der Rückseite eine schwarz gedruckte Trackliste sowie eine Auflistung des Packungsinhalts. All das macht zunächst einen etwas pedantischen Eindruck – erst wenn man die Packung öffnet, entpuppt sich die Liste als Aufzählung physischer Einzelteile, und nicht als bloße Inhaltsangabe.

Beim Öffnen der Schachtel wird der Kunde von verschiedenen Bestandteilen einer CD überrascht, die einzeln geliefert werden: eine in Zellophan verpackte transparente CD-Plastikhülle, ein transparenter CD-Halter, eine Audio-CD im antistatischen Plastikbeutel, ein 16-seitiges Booklet zum selbst Basteln, ein Stück Papier für den Rückumschlag, 13 Songtexte, mehrere Aufkleber und eine Bastelanleitung für das Booklet. Im Booklet befinden sich Freiräume für die Sticker, wie bei Fußball-Sammelalben, in die man die Porträts der Spieler auf grau schraffierte Rechtecke klebt. Nach dem Zusammenbau hat die Sekundärverpackung ihren Zweck erfüllt und kann entsorgt werden.

Mit Ausnahme der Sticker für das selbst gebastelte Booklet entsprechen alle Einzelteile den normalen Bestandteilen einer CD-Packung. Die Sticker befinden sich auf der Rückseite eines Instruktionsblattes, das dem Kunden den Zusammenbau erklärt und eben jene Bauanleitungen parodiert, wie wir sie von Packungen mit Möbeleinzelteilen her kennen. Die Booklet-Abbildungen reflektieren diese Do-it-yourself-Thematik mit leeren Wohnräumen, die gerade renoviert werden, und auf den Stickern befinden sich die Bandmitglieder in Begleitung verschiedener Utensilien zur Verschönerung der eigenen vier Wände. Der Käufer soll die Bandmitglieder in dem in der Broschüre abgebildeten „Haus" jeweils in dem Raum platzieren, in dem sie arbeiten. Die Verpackung wirft die Frage auf: „Wer macht sich eigentlich die Mühe, eine CD-Packung selbst zusammenzubauen?" Das Konzept kommt einem schon ein bisschen albern vor, aber es verstärkt die Interaktivität des Produkts und setzt neue Grenzen für das, was man von einer CD-Verpackung erwartet.

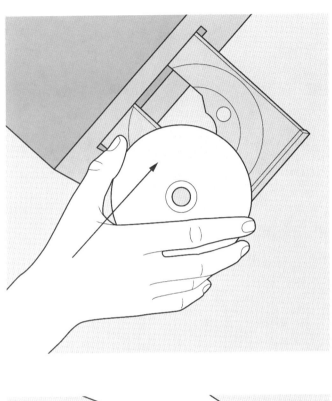 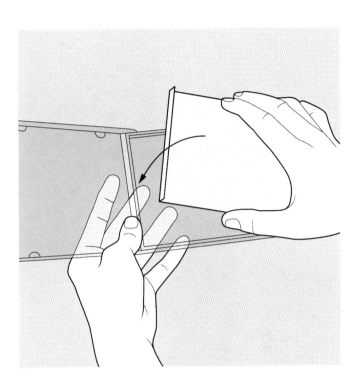

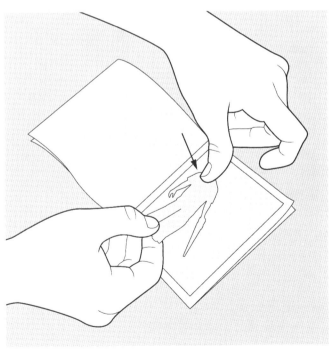 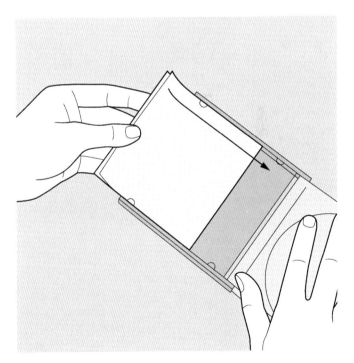

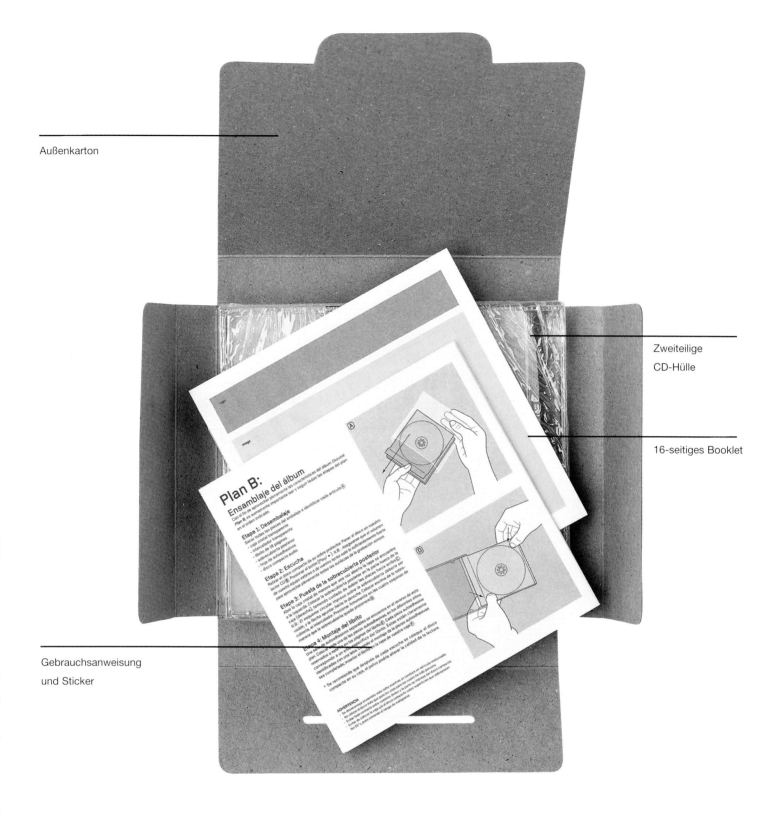

Außenkarton

Zweiteilige
CD-Hülle

16-seitiges Booklet

Gebrauchsanweisung
und Sticker

0.1 bastelset (schritt 1) ↗

In der braunen Schachtel befinden sich alle zum „Zusammenbau" der
CD benötigten Einzelteile. Sie nehmen die zwei Teile des jewel case aus
dem Zellophan, legen das Rückblatt ein und schnappen sie zusammen.
Im beigelegten Heft befinden sich Freiräume für das Cover-„Logo" und
-„Bild", die der beiliegenden Sticker-Sammlung entnommen und an der
richtigen Stelle eingefügt werden, oder natürlich auch an jedem beliebi-
gen, von Ihnen gewünschten Ort.

Bitte lesen Sie Punkt **0.3** (Seite 130), um Ihre CD fertig zu stellen.

0.2 schablone ↗

Die Zuschnitts- und Druckvorlage des braunen Außenkartons. Die Typografie ist absichtlich zweckorientiert und ergibt in Verbindung mit den
Transportschutz-Symbolen eine überzeugende Imitation eines Kartons
voller Möbel-Einzelteile.

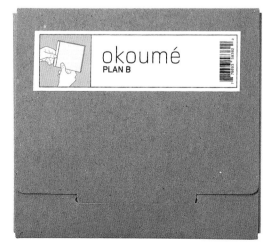

This End Up: Kreatives Verpackungsdesign

Plan B:

Ensamblaje del álbum

Con el fin de aprovechar plenamente las características del álbum *Okoumé Plan B*, es sumamente importante leer y seguir todas las etapas del plan en el orden indicado.

Etapa 1: Desembalaje

Sacar todas las piezas del embalaje e identificar cada artículo (A).
- caja cristal transparente
- intercalador transparente
- librito de 16 páginas
- sobrecubierta posterior
- hoja de autoadhesivos
- disco compacto audio

Etapa 2: Escucha

Retirar el disco compacto de su sobre protector. Poner el disco en vuestro lector CD (B). Presionar el botón [Play/ ►]. *N.B.: Asegurarse que el volumen de vuestro equipo estéreo o de vuestro lector esté lo suficientemente fuerte para aprovechar plenamente todas las sutilezas de la grabación sonora.*

Etapa 3: Puesta de la sobrecubierta posterior

Abrir la caja cristal de manera que una vez abierta la tapa se encuentre a la izquierda. Colocar la sobrecubierta posterior en la parte hueca de la caja (derecha), teniendo cuidado de doblar las placas hacia arriba (C). *N.B.: El esquema circular impreso sobre la sobrecubierta debería ser visible, y la flecha apuntar hacia la derecha.* Colocar encima de la sobrecubierta, el intercalador. Presionar firmemente en las cuatro esquinas de manera que la sobrecubierta quede prisionera (D).

Etapa 4: Montaje del librito

Una serie de autoadhesivos separables se encuentra en el reverso de este plan. Colocar cada una de las piezas autoadhesivas, en los diferentes sitios reservados a este fin en las páginas del librito (E). Cada pieza autoadhesiva corresponde a un sitio específico del librito. Éstas están claramente identificadas con una letra. Cuando el montaje de la piezas autoadhesivas sea completada; insertar el librito en la tapa de vuestra caja (F).

* Se recomienda que después de cada escucha se coloque el disco compacto en su caja, el polvo podría alterar la calidad de la lectura.

ADVERTENCIA
- Se desaconseja ensamblar este cofre mientras se conduce un vehículo motorizado.
- No utilizar el disco más que para los usos para los cuales ha sido previsto.
- Evitar todo contacto entre vuestros dedos y la parte no impresa del disco compacto.
- Evitar de colocar la caja y/o el disco compacto sobre superficies que sobrepasan los 55°c, pues correrían el riesgo de malograrse.

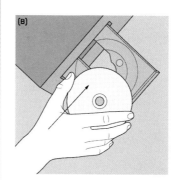

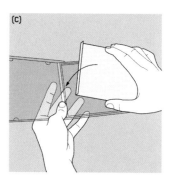

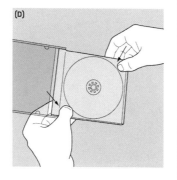

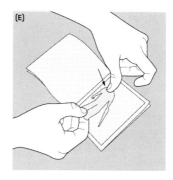

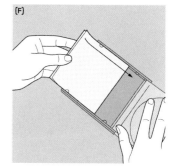

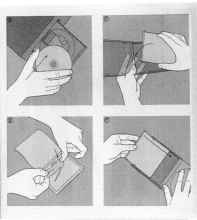

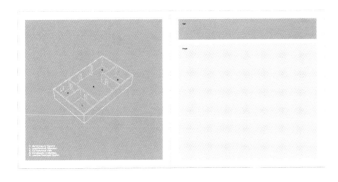

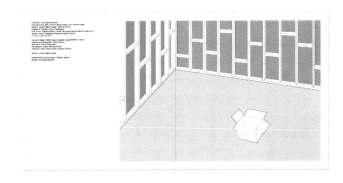

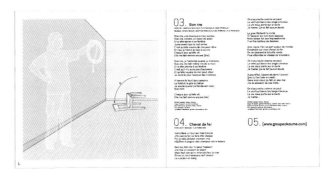

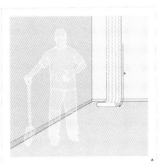

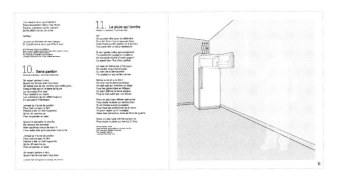

0.3 bastelset (schritt 2) ↑   ←

Jetzt können Sie das Innere des Booklets durch Einkleben der Bandmitglieder auf die entsprechenden Seiten vervollständigen. Das Booklet
in die Vorderseite der CD-Hülle schieben – und fertig ist Ihre CD.

Die fertige CD (gegenüberliegende Seite unten). So sollte das Endpro-
dukt aussehen.

This End Up: Kreatives Verpackungsdesign

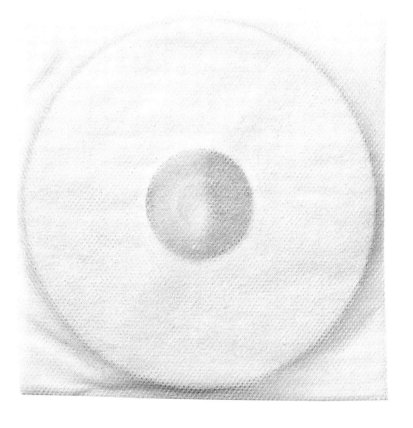

Plan B:

Assemblage de l'album

Afin de profiter pleinement des caractéristiques de l'album d'Okoumé *Plan B*, il est extrêmement important de lire et de suivre toutes les étapes du plan dans l'ordre.

Étape 1: Déballage

Sortez toutes les pièces de l'emballage et identifiez chaque article Ⓐ.
- boîtier cristal transparent
- intercalaire transparent
- livret de 16 pages
- jaquette arrière
- feuille d'autocollants
- disque compact audio

Étape 2: Écoute

Retirez le disque compact audio de son enveloppe protectrice. Placez le disque dans votre lecteur numérique Ⓑ. Appuyez sur la touche jouer (Play/ ▶). *N.B.: Afin d'apprécier à leur juste valeur toutes les subtilités de l'enregistrement sonore, assurez-vous que le volume de votre chaîne stéréo soit suffisamment élevé.*

Étape 3: Mise en place de la jaquette arrière

Ouvrez le boîtier cristal de façon à ce que le couvercle soit à votre gauche. Repliez avec soin les tranches de la jaquette arrière vers le haut. Insérez la jaquette arrière dans la partie creuse du boîtier, à droite Ⓒ. *N.B.: Le schéma circulaire imprimé sur la jaquette arrière devrait être visible et la flèche devrait pointer vers la droite.* Installez l'intercalaire par-dessus la jaquette arrière. Appuyez fermement aux quatre coins pour emprisonner la jaquette arrière Ⓓ.

Étape 4: Montage du livret

La série d'autocollants détachables se trouve à l'endos du plan. Chaque autocollant est identifié par une lettre et correspond à un espace précis dans le livret. Apposez les autocollants dans les espaces prévus Ⓔ. Une fois le montage terminé, insérez le livret dans le couvercle du boîtier cristal Ⓕ.

* Après chaque écoute, rangez le disque compact dans son boîtier pour éviter que la poussière altère la qualité de lecture.

MISE EN GARDE
- Il est déconseillé d'assembler le coffret en conduisant un véhicule motorisé.
- N'utilisez le disque que pour l'usage pour lequel il a été conçu.
- Évitez de toucher avec vos doigts la partie non-imprimée du disque.
- Évitez d'exposer le boîtier cristal ou le disque compact à des températures supérieures à 55°c, la chaleur pourrait les endommager.

Plan B:

Assembling the a

In order to fully appreciate the charac album, it is important to follow the asse

Step 1: Unpacking

Remove all items from package and ide
- transparent jewel case
- transparent cd tray
- 16-page booklet
- back cover sheet
- self-adhesive stickers
- audio compact disk

Step 2: Listening

Remove the compact disk from its pro compact disk in your cd player Ⓑ. Press *make the most of the recording subtili volume high enough.*

Step 3: Installing back cover

Open the jewel case so the cover is at ye back cover edges toward the top. Insert hollow part of the jewel case, on the righ *pattern printed on the back cover shoul should point to the right.* Place the cd tra Press firmly on the four corners to lock in

Step 4: Assembling the 16-pa

A series of self-adhesive stickers can be fo Each sticker is lettered and corresponds t booklet. Install each sticker in its respective insert the booklet inside the jewel case co

* After each listening, put away the compa prevent dust from damaging the sound q

WARNING
- Assembling the jewel case while driving is not recomm
- Use the compact disk solely for the purpose it was c
- Do not touch the unprinted portion of the compact d
- Do not place the jewel case or compact disk on surf beyond 55°c, the heat could damage them.

logo

image

This End Up: Kreatives Verpackungsdesign

Plan B:

Ensamblaje del álbum

Con el fin de aprovechar plenamente las características del álbum *Okoumé Plan B*, es sumamente importante leer y seguir todas las etapas del plan en el orden indicado.

Etapa 1: Desembalaje

Sacar todas las piezas del embalaje e identificar cada artículo Ⓐ.
- caja cristal transparente
- intercalador transparente
- librito de 16 páginas
- sobrecubierta posterior
- hoja de autoadhesivos
- disco compacto audio

Etapa 2: Escucha

Retirar el disco compacto de su sobre protector. Poner el disco en vuestro lector CD Ⓑ. Presionar el botón (Play/ ►). *N.B.: Asegurarse que el volumen de vuestro equipo estéreo o de vuestro lector esté lo suficientemente fuerte para aprovechar plenamente todas las sutilezas de la grabación sonora.*

Etapa 3: Puesta de la sobrecubierta posterior

Abrir la caja cristal de manera que una vez abierta la tapa se encuentre a la izquierda. Colocar la sobrecubierta posterior en la parte hueca de la caja [derecha], teniendo cuidado de doblar las placas hacia arriba Ⓒ. *N.B.: El esquema circular impreso sobre la sobrecubierta debería ser visible, y la flecha apuntar hacia la derecha.* Colocar encima de la sobrecubierta, el intercalador. Presionar firmemente en las cuatro esquinas de manera que la sobrecubierta quede prisionera Ⓓ.

Etapa 4: Montaje del librito

Una serie de autoadhesivos separables se encuentra en el reverso de este plan. Colocar cada una de las piezas autoadhesivas, en los diferentes sitios reservados a este fin en las páginas del librito Ⓔ. Cada pieza autoadhesiva corresponde a un sitio específico del librito. Éstas están claramente identificadas con una letra. Cuando el montaje de las piezas autoadhesivas sea completada; insertar el librito en la tapa de vuestra caja Ⓕ.

* Se recomienda que después de cada escucha se coloque el disco compacto en su caja, el polvo podría alterar la calidad de la lectura.

ADVERTENCIA
- Se desaconseja ensamblar este cofre mientras se conduce un vehículo motorizado.
- No utilizar el disco más que para los usos para los cuales ha sido previsto.
- Evitar todo contacto entre vuestros dedos y la parte no impresa del disco compacto.
- Evitar de colocar la caja y/o el disco compacto sobre superficies que sobrepasan los 55°c, pues correrían el riesgo de malograrse.

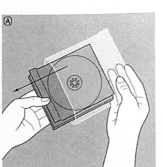
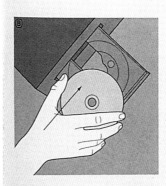
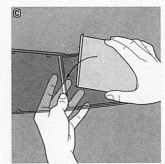
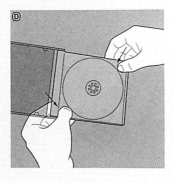
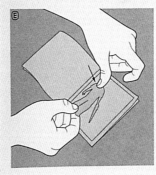

projekt 1.5 nascent

Bis in jüngster Zeit gehörte der Umstand, dass ein Produkt aus organischen Rohmaterialien hergestellt war, zu den entscheidenden Verkaufsargumenten und ihm wurde im Packungsdesign entspechend Rechnung getragen. Mittlerweile haben die Hersteller von Öko-Produkten ein kleines Problem: Was einst eine differenzierende Produkteigenschaft war, ist im Zuge zunehmender Verbreitung organischer Rohstoffe zum Qualifikationsmerkmal der Vermarktung verkommen. Für die neuen Verbrauchergenerationen sind organische Produkte nichts Besonderes mehr, sondern gehören langsam zum Mainstream. Aus diesem Grund steht es auch nicht mehr unbedingt auf der Packung, wenn ein Produkt organisch ist, und die Verpackungsdesigner können das „Organische" nicht mehr zum Kernthema ihrer Gestaltung machen. Unter Umständen bietet es sogar Vorteile, die Aufmerksamkeit des Konsumenten überhaupt nicht auf die Tatsache zu lenken, dass ein Produkt aus organischen Rohstoffen besteht, und unter Verzicht auf „organische Gütesiegel" ausschließlich anhand der Hochwertigkeit des Produkts mit etablierteren Marken zu konkurrieren.

Dies war jedenfalls der Grundgedanke des Verpackungskonzepts der dänischen Agentur e-Types für Nascent, einer in Dänemark hergestellten Produktlinie 100 %ig organischer Hautpflegeartikel. e-Types entwarf eine Verpackung, die das Produkt in erster Linie als Kosmetik präsentieren würde. Da das Produkt gegen große, internationale Konkurrenz antreten müsse, so Christian Madsbjerg von e-Types, sei es besonders wichtig, sein Design in das bestehende visuelle Umfeld der Kosmetik zu integrieren. Diese Einstellung steht in deutlichem Kontrast zu den anderen Kosmetikprodukten in diesem Buch, die bestrebt waren, das genaue Gegenteil zu erreichen. Madsbjerg dazu: „Ein radikaler Bruch mit den Definitionsmerkmalen der Verpackung von Hautpflegeartikeln wäre den Produktchancen in diesem wettbewerbsintensiven Markt nicht förderlich." Das Designbüro wollte also eine Verpackung kreieren, die anderen Marken die Kunden abspenstig machen sollte.

Das Design sieht eher „klassisch" als „organisch" aus. Zentrales visuelles Element ist ein Kreis, der nicht nur als Blickfang dient, sondern auch etwas repräsentiert, was von der Agentur als „Kreisläufe, die viele Menschen mit Recycling und Umweltbewusstsein assoziieren" bezeichnet wird. Die Verwendung einer runden Grafik auf reinweißem Hintergrund hat einen starken optischen Reiz, wie schon bei den Dragonfly-Tees zu sehen war (siehe Seiten 38–43). Um die Wirkung des weißen Hintergrunds nicht zu mindern, wurde soweit möglich auf Zusatzinformationen verzichtet, obwohl gerade sie den organischen Stammbaum des Produkts vermitteln würden. Der Kreis festigt jedoch nicht nur die visuelle Identität der Kosmetikreihe, sondern symbolisiert auch die Funktionsweise mancher Produkte. Auf der Schachtel für Kosmetiktücher liegt er auf der Oberseite; seine perforierte Mitte kann herausgetrennt werden, um die Papiertücher durch die so entstandene Öffnung zu entnehmen. Aus einer anderen Pappschachtel kann sich der Kunde im Laden kleine Proben mit Feuchtigkeit spendender Gesichtscreme durch einen ganz ähnlichen Kreis holen. Die Geschenkpackung scheint das Konzept mit einem Wirrwarr heller Kreise aufzuweichen, aber durch den einsamen dunklen Kreis und den Markennamen in der Mitte wird der Dialog mit dem Verbraucher ungebrochen fortgesetzt und die Geisteshaltung des symbolträchtigen Kreises beibehalten.

NASCENT™
Organic Vitality

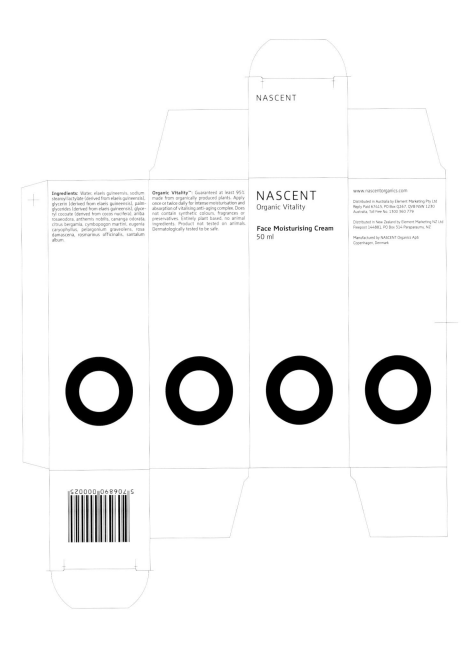

Ingredients: Water, elaeis guineensis, sodium stearoyl lactylate (derived from elaeis guineensis), glycerin (derived from elaeis guineensis), palmglycerides (derived from elaeis guineensis), glyceryl cocoate (derived from cocos nucifera), aniba rosaeodora, anthemis nobilis, cananga odorata, citrus bergamia, cymbopogon martini, eugenia caryophyllus, pelargonium graveolens, rosa damascena, rosmarinus officinalis, santalum album.

Organic Vitality™: Guaranteed at least 95% made from organically produced plants. Apply once or twice daily for intense moisturisation and absorption of vitalising anti-aging complex. Does not contain synthetic colours, fragrances or preservatives. Entirely plant based, no animal ingredients. Product not tested on animals. Dermatologically tested to be safe.

NASCENT
Organic Vitality

Face Moisturising Cream
50 ml

www.nascentorganics.com

Distributed in Australia by Element Marketing Pty Ltd
Reply Paid 67415, PO Box Q267, QVB NSW 1230
Australia, Toll Free No. 1300 360 779

Distributed in New Zealand by Element Marketing NZ Ltd
Freepost 144881, PO Box 314 Paraparaumu, NZ

Manufactured by NASCENT Organics ApS
Copenhagen, Denmark

0.1 verpackung

Die verblüffende Schlichtheit und Ausdrucksstärke der Verpackungen spielt auch im unten abgebildeten Produktkatalog eine prominente Rolle. Keine Models, wie sonst üblich, sondern pure Illustration. Das allgegenwärtige „o" suggeriert die Langlebigkeit des Produkts und lässt sogar ein gewisses Maß an spielerischem Humor zu (als Waschmaschinentür oder als Öffnung, durch die Kosmetiktücher entnommen werden), was in der imagebewussten Welt der Kosmetik oft zu kurz kommt.

0.2 grundriss

Der flach ausgebreitete Falzbogen, der in gefalztem und verleimtem Zustand eine der Produktpackungen der Kosmetikreihe ergibt.

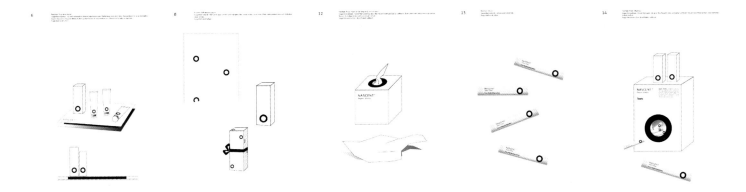

projekt 1.6 t-26

Jedes Produkt wird auf die eine oder andere Weise verpackt. Die Mehrzahl der in diesem Band präsentierten Produkte ist im Einzelhandel zu finden. Ihre Verpackungslösungen werden vorwiegend von den Materialeigenschaften des zu verpackenden Produkts und der Einzelhandelsumgebung, in der sie erhältlich sind, diktiert. Wie kann man jedoch ein Produkt verpacken, das keine physischen Eigenschaften besitzt? Software-Hersteller sind dafür bekannt, dass sie mit ihren Verpackungen die körperliche Präsenz ihrer Produkte exponenziell aufblähen, bis sich kaum noch Ähnlichkeiten mit der tatsächlichen Größe des Inhalts erkennen lassen – ganz im Gegensatz zu Audio-CDs, deren Packungsgrößen generell von den Dimensionen ihrer Verkaufsständer bestimmt werden. Um unsere Aufmerksamkeit zu erregen, wird Software jedoch in Packungen von der Größe einer Cornflakes-Schachtel geliefert, und die Einzelhändler akzeptieren diese Dimensionen, da es sich bei Computer-Software um ein relativ hochwertiges Produkt handelt.

Die Designfirma Segura Inc. bietet nicht nur Design-Leistungen, sondern kreiert und verpackt auch hauseigene Schriftarten, die unter dem Namen T-26 Digital Type Foundry vertrieben werden. Abgesehen von der CD, auf der die Schriften gespeichert sind, hat das Produkt selbst keine körperliche Präsenz. Computerschriften sind im Grunde nichts anderes als eine Software und werden auch so verpackt und verkauft.

Bevor sie benutzt werden können, müssen Schriften auf ähnliche Weise im Computer installiert werden wie Software. Nachdem übergroße Verpackungen bei Software- und Typografie-Produkten ohnehin die Regel sind, war es gar nicht so schwierig, neue Wege zu beschreiten. Segura Inc. entwarf für die T-26-Schriftenfamilie Packungen, deren stark visueller Charakter dem des Produktinhalts entspricht, und gab ihnen zugleich eine humorvolle Note, die ebenfalls dem Charakter der Schriften des Unternehmens entgegenkommt.

Die T-26-Packung enthält eine CD mit Schriftdateien zur Installation auf dem Computer des Kunden, ein Buch mit Beispielen der auf der CD gespeicherten Schriftarten und ein T-Shirt, das mit Schriftbeispielen der Marke T-26 bedruckt ist. Das T-Shirt ist nicht nur modisch ansprechend, sondern es liefert auch ein Beispiel für die unzähligen Verwendungszwecke der Schrift. Alle Inhaltselemente befinden sich in einer transparenten Tüte mit Zippverschluss und dem Etikettaufdruck „T-26" in einer der Schriftarten des Unternehmens.

0.1 t-shirts　　　　　　　　　　↑

Die große Vielfalt der T-26-Schriften wird auf sehr alltäglichen, weißen T-Shirts demonstriert. Die Formensprache der Verpackung erinnert eher an eine Skateboard-Marke und stellt eine starke Affinität zur street culture unter Beweis – ein himmelweiter Unterschied zur schmucklosen Diskette, auf der Schriften sonst ausgeliefert werden.

0.2 icons　　　　　　　　　　↗

Auf den T-Shirts prangen unterschiedliche Interpretationen der Marke T-26 und demonstrieren verschiedene Anwendungsmöglichkeiten für die stilisierten Schriftdesigns.

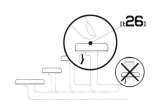

0.3 font kit – tokyo / girl

Die font kits bestehen aus Postern, T-Shirts und CD-ROMs und werden in transparenten Plastikbeuteln geliefert. Um die Unterschiedlichkeit der Schriften zu betonen, wurde jede „Edition" völlig individuell gestaltet.

0.4 cd-hülle

Die vielen verschiedenen jewel cases bedienen sich des Vokabulars der Musikindustrie und lassen auf den ersten Blick keine Gemeinsamkeiten erkennen. Die unterschiedlichen Gestaltungsstile vermitteln den Eindruck individueller CD-Cover, die als Sammelserie einer Marke fungieren können.

0.5 cd

Segura Inc. hat einen neuartigen Behälter für ihre Schriften entwickelt, eine Plastikhülle mit „Abzug", der die CD über einen Hebelmechanismus ausstößt.

projekt 1.7 dubmatique

Designer werden verhältnismäßig häufig mit der Überarbeitung von CD-Verpackungssystemen beauftragt. In den meisten Produktkategorien besteht die reelle Chance, dass Produktlinien im Einzelhandel ausgestellt werden, und somit auch die Möglichkeit, kommunikative Verpackungsaspekte direkt auf die Konsumenten einwirken zu lassen. Audio-CDs müssen am Verkaufsort jedoch mit Tausenden anderen, ganz ähnlich in den allgegenwärtigen CD-Hüllen verpackten Tonträgern konkurrieren. Die Herausforderung, sich hier mit einem neuen und innovativen Verpackungssystem visuell zu differenzieren, ohne andere Verpackungsfunktionen wie Schutz, Zweckmäßigkeit und Lagerung zu opfern, wird dabei auf die unterschiedlichsten Weisen angegangen und durch den Umstand erschwert, dass die Verpackung die in ihr enthaltene Musik reflektieren sollte.

Genau das jedoch hat Époxy, ein Designbüro aus Montreal, mit seiner CD-Verpackung für das neueste Album der Gruppe Dubmatique erreicht. Wie der Name schon andeutet, handelt es sich bei dieser französisch-kanadischen Band um Rap-Musiker, deren Einflüsse und Bezugspunkte normalerweise der street culture entstammen. Das Musikgenre Rap steht vielen Menschen offen: Man muss kein virtuoser Musiker sein, da der Schwerpunkt auf der sprachlichen Übermittlung von Gedanken und Gefühlen liegt. Das verleiht dem Rap eine sehr spezifische, quasi hausgemachte Eigenschaft, die Époxy in ihrem Design thematisieren. Die Verpackung ist recht einfach, schafft es aber, gleichzeitig ungehobelt, „selbst gebastelt" und äußerst funktionell zu sein. Die Verpackungselemente sind in jedem Haushalt zu finden oder erwecken zumindest diesen Anschein.

Das Cover besteht aus Coroplast, einem Kunststoff, der in Aussehen und Funktion an Wellpappe erinnert, aber wasserdicht und semitransparent ist. An der Rückseite befindet sich eine Einkerbung, entlang der das Coroplast gefaltet wird. Zusammengeklappt entsprechen seine Dimensionen einer CD-Hülle. In der Mitte der beiden Innenhälften befinden sich Klettverschlüsse zur Verankerung der CD, die zwischen den beiden Deckeln liegt. Die Verwendung dieses Materials ist eine hervorragende Idee: Damit die beiden Klettverschlüsse aneinander haften können, haben sie die Größe und Form des Mittellochs der CD. Für zusätzliche Sicherheit sorgt ein dickes Gummiband, das die gesamte Packung umschließt.

Die kommunikativen Verpackungsaspekte setzen die „selbst gebastelte" Thematik fort. Das Booklet in Schwarz-Weiß sieht so aus, als hätte es jemand zu Hause auf dem PC produziert. Es hat sechs Seiten mit zwei Falzen und wurde in CD-Form gestanzt, einschließlich des Mittellochs. So kann es ebenfalls von den Klettverschlüssen gehalten werden. Das Cover ist – von einem Sticker auf der Rückseite abgesehen, der ein Minimum an Informationen (Strichcode, Name der Band, Katalognummer und Plattenlabel) vermittelt – völlig unmarkiert. Der Sticker wird aber erst sichtbar, wenn ein Kunde das Produkt in die Hand nimmt und umdreht. Der einzige sofort sichtbare Hinweis auf die Musiker befindet sich auf dem schwarzen Gummiband: Es ist mit „Dubmatique" in einfachen, weißen Versalien bedruckt, genau wie bei einem Massenartikel aus dem Schreibwarenladen.

Im bilderreichen, fast übersättigten Umfeld der Musik-Promotion ist die Schlichtheit dieser Verpackung äußerst wirkungsvoll und stellt das Credo des Modernismus unter Beweis: „Einfach ist besser als kompliziert. Ruhe ist besser als Konfusion". (Dieter Rams, 1997)

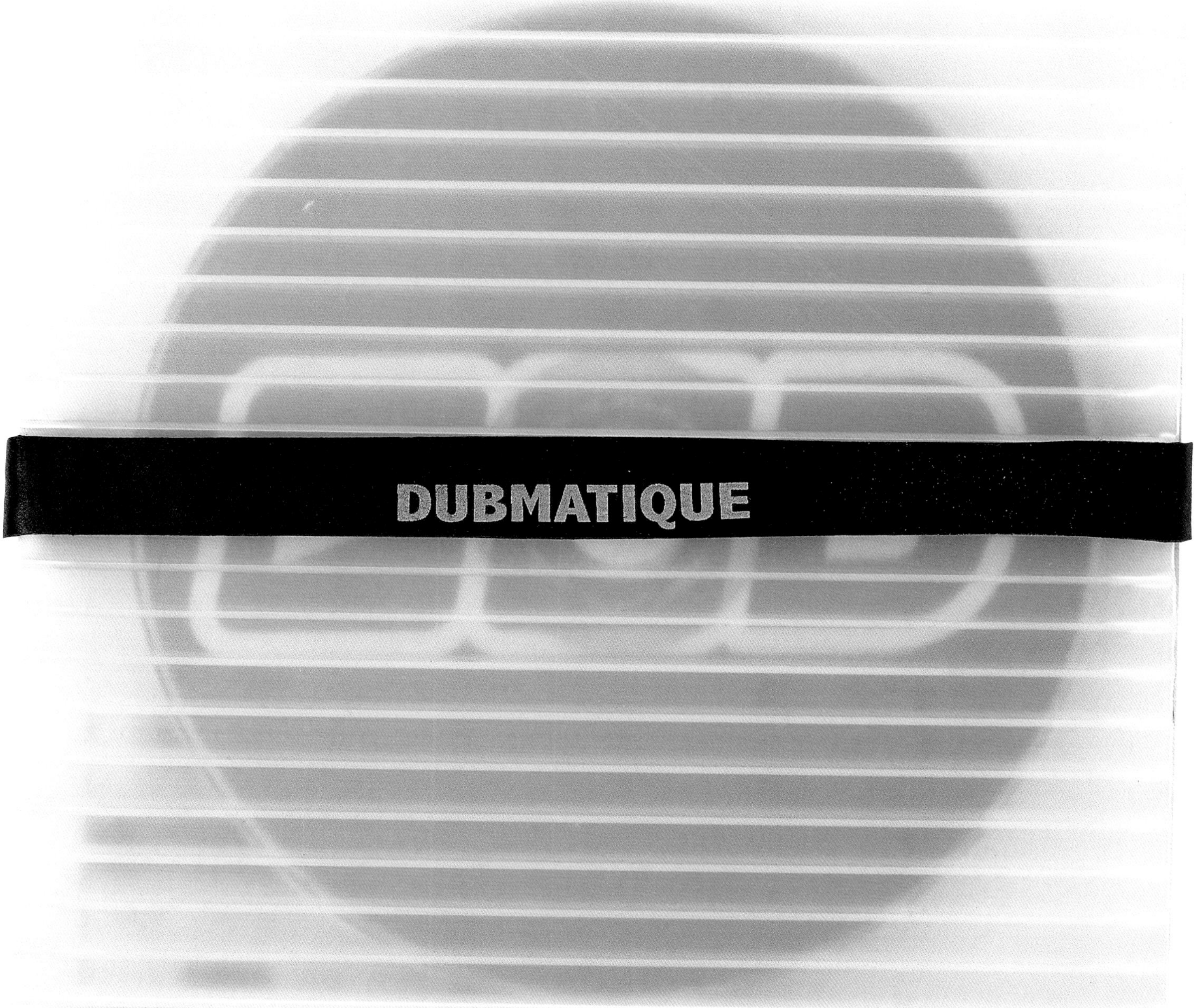
DUBMATIQUE

DUBMATIQUE

0.1 halterung ↖ ↗

Die Klettverschluss-Spindel sichert die CD beim Transport und gibt sie erst frei, wenn man den Coroplast-Umschlag öffnet. Trotz seiner Einfachheit ist dieser Mechanismus innovativer, als man zuerst denken würde – die Zeiten, in denen man die CD vorsichtig aus der Plastikhülle „herausschnappen" musste, gehören der Vergangenheit an.

Die Spindel hält auch das aufklappbare Booklet, das praktischerweise direkt unter der bedruckten CD liegt. Deren Design entspricht der restlichen Verpackung und fällt durch die Abwesenheit jeglicher Informationen auf. Anstelle von Tracklisten, Hinweisen auf die Band oder das Plattenlabel wird lediglich eine einfache, aber wirkungsvolle Grafik geboten.

0.2 booklet ↘

Das einfache, schwarz-weiße Booklet enthält keine Bilder und verlässt sich vollständig auf seine innovative Typografie. Die eingeengten Rechtecke bilden abstrakte Formen und Muster, da die Textspalten das Loch in der Mitte aussparen müssen.

fig-1

projekt 1.8 fig-1

Normalerweise denken wir, wenn wir von Kunst reden, an Gemälde in einer Galerie oder Skulpturen im Foyer von Aktiengesellschaften. Nur sehr selten wird sie mit Verpackungen in Verbindung gebracht. Nichtsdestotrotz wird auch Kunst verpackt und mit Labeln versehen – impressionistisch, postmodern oder im Brit-Art-Style beispielsweise – und zum Zweck der öffentlichen Vermarktung thematisch gruppiert. Wenn wir vom erweiterten Konzept der Verpackung als umfassende Präsentationsform ausgehen, repräsentiert Fig-1, mit 50 Projekten in 50 Wochen, eine äußerst innovative Methode der Kunstverpackung.

Fig-1 entstand in dem Bestreben, zeitgenössische Kunst auf eine neue Art zu zeigen – irgendwo zwischen Atelier, Galerie und Museum. Es handelte sich um eine Reihe von Veranstaltungen und Ausstellungen auf begrenztem Raum in der Londoner Innenstadt – 50 Projekte in 50 Wochen. Die einwöchigen Ausstellungen wurden im Verlauf eines Kalenderjahres präsentiert und sollten den Facettenreichtum des lebhaften Kulturlebens der englischen Hauptstadt im Jahr 2000 demonstrieren. Im Rahmen dieses experimentellen Projekts konnten die eingeladenen Künstler auch unvollendete Werke oder spontane Kollaborationen zeigen, ganz wie sie wünschten. Der Name Fig-1 scheint gut gewählt für die breite Vielfalt an Beiträgen, die äußerst unterschiedliche Medien den verschiedensten Zwecken zuführten. „Fig-1 suggeriert ein Bild, das die unterschiedlichsten Dinge darstellen könnte, etwas Einzigartiges, Mysteriöses und Unbekanntes," sagt Mark Francis vom Fig-1-Team. Die mitwirkenden Künstler ähneln einem Who's Who der englischen Kunstwelt des Jahres 2000. Der Designer Bruce Mau hatte die Ausstellungen im Laufe des Jahres mehrmals besucht und verglich sie mit einer Packung Spielkarten, was letztendlich auch die Gestaltung des Buchs von Bruce Mau Design beeinflusste, das die Veranstaltungen als Spielkartenpackung präsentierte.

Das Buch „Fig-1" besteht aus einem DIN-A1-Poster mit den Porträtfotos aller teilnehmenden Künstler von Maurits Stillem, 50 DIN-A2-Postern, die die einzelnen Ausstellungen mit Bildern und Texten dokumentieren und einem 32-seitigen Katalog im A4-Format, der den Prozess von Fig-1 beschreibt.

Schachteln sollen vorrangig dem Schutz dienen: 50 lose Poster könnten leicht auf den Boden fallen und geknickt oder auf andere Weise beschädigt werden. Bei einem Preis von 50 Pfund pro Buch (und 500 Pfund für signierte Exemplare) wären die Kunden darüber nicht besonders erfreut. Außerdem soll das Produkt über Jahre hinweg als Referenzmaterial dienen und immer wieder durchgeblättert werden. Aus diesem Grund musste die Schachtel robust sein und alle Aufbewahrungsfunktionen erfüllen. Dem ursprünglichen Verpackungskonzept zufolge sollten die „Spielkarten" in einem Glaskasten enthalten sein, mit allen offensichtlichen Eigenschaften eines Schaukastens. Da dieser Behälter jedoch den Endpreis kräftig in die Höhe getrieben hätte, wurde die Idee fallen gelassen. So besteht das Design letztendlich aus einer ziemlich einfachen Schachtel aus dickem Karton. Sie ist solide, sollte mehrere Jahre lang halten und bietet den Postern mit ihren hervorstehenden Deckeln einen sicheren Aufbewahrungsort.

Die Kommunikationsaspekte der Verpackung sind zwar nicht sofort augenfällig, aber genau definiert. Fig-1 (das Buch) ist mit 32 x 23 x 6 cm ein recht imposanter Wälzer, der nur mit einigem Kraftaufwand aus dem Regal gewuchtet werden kann. Im Gegensatz zu dem farbenprächtigen Füllhorn optischer Reize, das seinen Inhalt ausmacht, ist das Äußere fast jungfräulich, ohne jeglichen Aufdruck – ein großer, weißer, schwerer Gegenstand, dem man sofort ansieht, dass sich jemand außerordentliche Mühe gemacht hat, die Inhalte nicht zufällig entweichen zu lassen. Er schreit förmlich danach, geöffnet zu werden, wie Pandoras Büchse. Den einzigen Hinweis auf die Kunstwerke im Inneren liefert der fast brutal anmutende Prägedruck: Auf dem Cover prangt der Titel und auf dem Rücken sind die 50 mitwirkenden Künstler aufgelistet. Das minimalistische Erscheinungsbild dieses weißen Rechtecks kann als Hommage und Danksagung an den Stab der Londoner Galerie White Cube gelesen werden, die an verschiedenen Projektstadien beteiligt war.

Da das Buch als kommerzielles Objekt konzipiert wurde, musste die puritanische, weiße Box mit einigen Zusatzinformationen versehen werden, die sich auf den Preis, die Katalognummer und den Strichcode beschränken. Zu diesem Zweck wurde ein Etikett entworfen, das um das Buch gewickelt wird, diese Informationen liefert und den Inhalt kurz beschreibt. Im Gegensatz zu der Schachtel profitiert das Label von der Unzahl der speziell für die Poster hergestellten Künstlerfarben in einem Liniendesign, das ebenfalls auf dem DIN-A1-Poster und in dem DIN-A4-Katalog erscheint.

fig-1

0.1 außengestaltung

Das endgültige Design verwendet kontrastierende Stilelemente, vom subtilen Prägedruck aller Künstlernamen auf dem Rücken bis zum grellen, vielfarbigen Label, das den Inhalt anzeigt. Das puritanische Design in Weiß auf Weiß macht nicht nur einen luxuriösen und kostbaren Eindruck (nur bei vorsichtiger Behandlung wird seine Unbefleckheit erhalten bleiben), sondern schafft auch eine starke optische Verbindung zu White Cube (der bei diesem Produkt federführenden Londoner Galerie).

0.2 prototyp und inhalt

Zu den frühen Versionen der Außenpackung gehörten eine graue Kartonschachtel (abgebildet) und andere Alternativen wie Glas, das sich, wie zu erwarten war, als zu teuer erwies. In der Schachtel befinden sich zwei Bücher und 50 lose Posterbilder.

bruce mau design

fig-1

This End Up: Kreatives Verpackungsdesign

50 PROJECTS IN 50 WEEKS

fig-1

LONDON 2000

0.3 druck ← ↑

Jeder Arbeit ist ein eigenes DIN-A2-Poster gewidmet, das die Nummer der Ausstellungswoche trägt und biografische Informationen über die Künstler und deren Aussagen über ihre Werke vermittelt. Da es um Kunstwerke geht und alle Arbeiten individuell und einzigartig sind, wurde auf Kosten senkende Massenaspekte beim Druck verzichtet. Die Wertigkeit der Kunstwerke wurde durch die Verwendung besonderer, eigens für jeden einzelnen Künstler hergestellter Farbtöne sogar noch gesteigert. Diese Farben wurden jeweils nach den betreffenden Künstlern benannt (z. B. Jake + Dinos Chapman Blue) und auf den einzelnen „Karten" als Hintergrund verwendet, wie auf den nächsten Seiten zu sehen ist. In diesem Zusammenhang enstand auch ein Schnappschuss, der die zeitgenössische Kunstszene auf viel prägnantere Weise darstellt als das DIN-A4-Poster mit den 50 Künstlern: Das Foto eines Dosenstapels der speziell angefertigten Farben, die jeweils mit dem Namen des Künstlers beschriftet sind (siehe Seite 149).

Zusammen ergeben die 50 Poster die von Mau erwähnte Spielkartenpackung. Nur so konnten die Veranstaltungen dokumentiert werden, ohne die Arbeiten auf den begrenzten Raum von Buchseiten verkleinern zu müssen. Die Präsentation ist aber auch aus einem anderen Grund äußerst stimmig. Eines der Grundkonzepte von Fig-1 bestand darin, dass bei jeder Ausstellung jeweils nur ein Werk gezeigt wurde.

Da sonst nichts zu sehen war, zog diese Arbeit die Aufmerksamkeit des Betrachters vollkommen auf sich, was in Museen, Galerien und Ateliers nur selten der Fall ist. In der Form von Postern müssen auch die im Buch dokumentierten Werke einzeln betrachtet werden, ohne jegliche Beeinträchtigung durch andere Abbildungen auf gegenüberliegenden Seiten.

fig-1

26 Anya Gallaccio — fig-1

27 James White + Tim Sheward — fig-1

28 Mark Lewis — fig-1

29 Richard Deacon + Martin Kreyßig — fig-1

30 Wolfgang Tillmans — fig-1

31 João Penalva — fig-1

32 Matthew Higgs + Oliver Payne + Nick Relph — fig-1

33 John Latham — fig-1

34 Gilbert + George — fig-1

35 Enrico David — fig-1

36 Mona Hatoum — fig-1

37 Andrew Lewis — fig-1

38 Cerith Wyn Evans — fig-1

39 Howard Hodgkin — fig-1

40 Tom Gidley — fig-1

41 Sam Taylor-Wood — fig-1

42 Harland Miller — fig-1

43 Peter Doig — fig-1

44 Hussein Chalayan — fig-1

45 Patti Smith — fig-1

46 Darren Almond — fig-1

47 Michael Craig-Martin — fig-1

48 Jeremy Deller — fig-1

49 Bridget Riley — fig-1

50 Richard Hamilton — fig-1

bruce mau design

fig-1

This End Up: Kreatives Verpackungsdesign

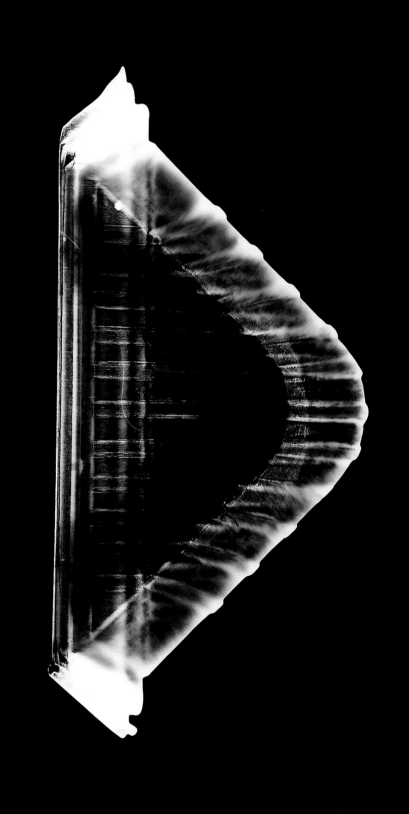

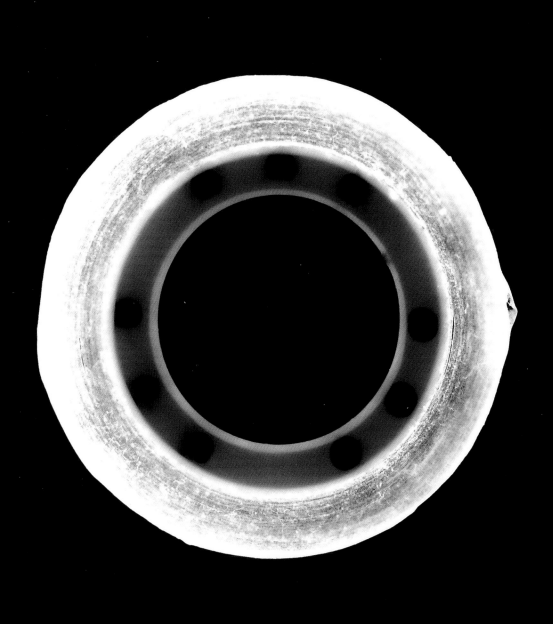

Projekt 0.1

Kunde Rieber & Søn **Job** Mr. Lee **Creative Director** Steve Elliott **Design und Illustrationen** Ian Burren

Agentur Design Bridge Ltd., 18 Clerkenwell Close, London EC1R 0QN, Großbritannien

Telefon +44 (0)20 7814 9922 **Fax** +44 (0)20 7814 9024 **Email** info@designbridge.co.uk **Website** www.designbridge.co.uk

Projekt 0.2

Kunde Blue Q **Job** Unavailable **Design** Stefan Sagmeister, Hjalti Karlsson **Text** Karen Salmansohn

Agentur Sagmeister Inc., 222 West 14th Street 15A, New York, NY 10011, USA

Telefon +1 (212) 647 1789 **Fax** +1 (212) 647 1788

Projekt 0.3

Kunde Wistbray Ltd. **Job** Dragonfly **Design** David Hillman (Partner), Liza Enebeis **Fotos** Teresa Hayhurst

Agentur Pentagram, 11 Needham Road, London W11 2RP, Großbritannien

Telefon +44 (0)20 7229 3477 **Fax** +44 (0)20 7727 9932 **Email** email@pentagram.co.uk **Website** www.pentagram.com

Projekt 0.4

Kunde Vienna Art Orchestra **Job** Little Orchestra **Konzept und Design** Elisabeth Kopf **Musik und Tuning, Aufnahmen und Arrangements** Martin Zrost **Kreative Mitarbeit** Werner Korn **CD-Konzept** Elisabeth Kopf, Martin Zrost **Produktion** Elisabeth Kopf, Martin Zrost, Werner Korn, Richard Wagner

Künstler Elisabeth Kopf, Rudolf-Zeller-Gasse 34, 1238 Wien, Österreich

Telefon/Fax +43 (0)1 889 7866 **Email** e.kopf@netway.at

Projekt 0.5

Kunde Levi's® **Job** Levi's® **Design** Mark Farrow, Jonathon Jeffrey, Gary Stillwell, Nick Tweedie

Agentur Farrow Design, 23–24 Great James Street, London WC1N 3ES, Großbritannien

Telefon +44 (0)20 7404 4225 **Fax** +44 (0)20 7404 4223 **Email** studio@farrowdesign.com **Website** www.farrowdesign.com

Projekt 0.6

Kunde Creative Circle **Job** Guldkorn 1999 **Design** Jan Nielsen, Ole Lund, Jesper Jans

Agentur 2GD, Wilders Plads 8A, 1403 Kopenhagen K, Dänemark

Telefon +45 3295 2322 **Fax** +45 3295 2321 **Email** 2gd@2gd.dk **Website** www.2gd.dk

Projekt 0.7

Kunde Fruits & Passion **Job** Aroma Sutra **Design** Daniel Fortin (President und Creative Director)

Agentur Époxy, 506 McGill, 5th Floor, Montréal, Québec H2Y 2H6, Kanada

Telefon +1 (514) 866 6900 **Fax** +1 (514) 866 6300 **Website** www.epoxy.ca

Projekt 0.8

Kunde REN Ltd. **Job** REN **Design** Peter Viksten

Agentur REN Ltd., 28 Oldbury Place, London W1U 5PX, Großbritannien

Telefon +44 (0)20 7935 2323 **Fax** +44 (0)20 7935 1191 **Email** info@ren.ltd.uk **Website** www.ren.ltd.uk

Projekt 0.9

Kunde Pacific Place Foodhall **Job** great **Creative Director Innenräume** Gabriel Murray **Assistent Innenräume** Paul Stephens **Reinzeichnung Innenräume** Mark Bowden **Bauleiter RFHK** Rachael Waddell **Creative Director Grafik** Sean O'Mara **Assistent Grafik** Mark Harper **Senior Designer Grafik RFHK** Chris Dingkong **Druck und Verpackung** Susanne Mobbs

Agentur Rodneyfitch, Northumberland House, 155 Great Portland Street, London W1W 6QP, Großbritannien

Telefon +44 (0)20 7580 1331 **Fax** +44 (0)20 7580 3661 **Email** info@rodneyfitch.co.uk **Website** www.rodneyfitch.com

Projekt 1.0

Kunde Spaceman/Arista **Job** Let it Come Down **Design** Mark Farrow, Gary Stillwell, Jonathon Jeffrey, Nick Tweedie, J Spaceman

Agentur Farrow Design, 23–24 Great James Street, London WC1N 3ES, Großbritannien

Telefon +44 (0)20 7404 4225 **Fax** +44 (0)20 7404 4223 **Email** studio@farrowdesign.com **Website** www.farrowdesign.com

Projekt 1.1

Kunde Dyrup **Job** Dyrup **Assistent Innenräume** Andy Fuller **Creative Director Grafik** Sean O'Mara
Assistent Grafik Mark Harper **Senior Designer Grafik** Sarah Cromwell **Produktfotos** Mathew Shave
weitere Fotos Sarah Cromwell, Sean O'Mara

Agentur Rodneyfitch, Northumberland House, 155 Great Portland Street, London W1W 6QP, Großbritannien

Telefon +44 (0)20 7580 1331 **Fax** +44 (0)20 7580 3661 **Email** info@rodneyfitch.co.uk **Website** www.rodneyfitch.com

Projekt 1.2

Kunde BMG Entertainment UK/Cheeky Records **Job** Furious Angels **Designer und Art Director** Mark Tappin **Fotos** Mert Alas, Marcus Piggott

Agentur Blue Source, The Saga Centre, 326 Kensal Road, London W10 5BZ, Großbritannien

Telefon +44 (0)20 7460 6020 **Email** mark.t@bluesource.com

Projekt 1.3

Kunde SSL International **Job** Durex **Design** Andrew King, Sophie Le Calvez **Kontakter** Philippa Knight

Agentur Landor Associates, Klamath House, 18 Clerkenwell Green, London EC1R 0QE, Großbritannien

Telefon +44 (0)20 7880 8000 **Fax** +44 (0)20 7880 8001 **Email** marketing_info@uk.landor.com **Website** www.landor.com

Projekt 1.4

Kunde Les Disques MusiArt **Job** Plan B **Konzept und Design** Michel Valois, Sébastien Toupin **Fotos** Martin Tremblay @ Volt **Illustrationen** Patrick Desgreniers

Agentur L'Atelier In-Seize, 6560 Esplanade #101, Montréal, Québec H2V 4L5, Kanada

Telefon +1 (514) 272 4516 **Fax** +1 (514) 272 4596 **Email** info@in16.com **Website** www.in16.com

Projekt 1.5

Kunde Nascent **Job** Nascent **Design** Jens Kajus, Marie Lübecker

Agentur e-Types, Vesterbrogade 80B, 1620 Kopenhagen V, Dänemark

Telefon +45 3325 4500 **Fax** +45 3325 4557 **Email** info@e-types.com **Website** www.e-types.com

Projekt 1.6

Kunde Segura Inc. **Job** T-26 **Design** Carlos Segura, Tino

Agentur Segura Inc., 1110 North Milwaukee Avenue, Chicago, IL 60622, USA

Telefon +1 (773) 862 1201 **Fax** +1 (773) 862 1214 **Email** info@t26.com **Website** www.t26.com

Projekt 1.7

Kunde Dubmatique **Job** Dubmatique **Design** Daniel Fortin (President und Creative Director)

Agentur Époxy, 506 McGill, 5th Floor, Montréal, Québec H2Y 2H6, Kanada

Telefon +1 (514) 866 6900 **Fax** +1 (514) 866 6300 **Website** www.epoxy.ca

Projekt 1.8

Kunde Spafax Publishing **Job** Fig-1 **Design** Bruce Mau Design

Agentur Spafax Publishing

Telefon +44 (0)20 7906 2002 **Fax** +44 (0)20 7906 2004 **Email** phil@spafax.com